时光学

张昕　夏白鹿　著

对话青春期女孩

北大心理学家的49封回信

海豚出版社
DOLPHIN BOOKS
CICG 中国国际传播集团

图书在版编目（CIP）数据

对话青春期女孩 / 张昕，夏白鹿著 . -- 北京：海豚出版社，2024. 8. --（北大心理学家的 49 封回信）.
ISBN 978-7-5110-7050-0

Ⅰ . G479

中国国家版本馆 CIP 数据核字第 20248M17A1 号

对话青春期女孩：北大心理学家的 49 封回信

张昕　夏白鹿　著

出 版 人：王　磊
策　　划：黄海香　朱丽娜　郝国贤
责任编辑：白银辉
装帧设计：徐文文　黄　鸣
责任印制：于浩杰　蔡　丽
法律顾问：中咨律师事务所　殷斌律师
出　　版：海豚出版社
地　　址：北京市西城区百万庄大街 24 号
邮　　编：100037
电　　话：010-68996147（总编室）　010-68325006（销售）
印　　刷：咸宁市国宾印务有限公司
经　　销：新华书店及网络书店
开　　本：880mm × 1230mm　1/32
印　　张：7
字　　数：150 千
版　　次：2024 年 8 月第 1 版　2024 年 8 月第 1 次印刷
标准书号：ISBN 978-7-5110-7050-0
定　　价：49.80 元

序言

成为更好的大人

我们小的时候，总认为十几岁会是一生中最恣意、最无忧的时光——“恰同学少年，风华正茂”，或是“相逢意气为君饮”，或是“春风得意马蹄疾”。

然而，事实并非全然如诗句中那般美好。在13～18岁期间，青少年进入到一个由内而外全面“重构”的阶段，不仅身体在“重构”，那个熟悉的“童年自我”也面临着被颠覆和重塑，稳定感和安全感动摇了，混乱感和陌生感开始袭来并蔓延。

青少年此时面临的还有很多未曾经历过的生理和心理变化，以及随之而来的种种疑问：“长了很多痘痘，颜值崩塌了怎么办？”“最近总是很郁闷，我是得抑郁症了吗？”“做自己就是叛逆吗？”“为什么别人那么漂亮，我却像个丑小鸭？”“我喜欢上了邻居大哥哥怎么办？”“怎样才能让同学们喜欢我？”“被熟人‘性骚扰’了，要怎么办？”“女生就一定学不好数学吗？”“网上的键盘侠攻击我，该怎么反击？”“要怎么让爸妈理解‘追星’对我的意义？”……

基于以上这些，本书将从“身体变化、情绪波动、异性交往、同伴压力、自我保护、学业困惑、网络安全、亲子关系”这八大主题着手，梳理青春期女孩会遇到的问题，为她们解答困惑。

上面这些问题可以总结为三类：自我认同的困惑、人际关系的困惑、对学习和未来的困惑。这三类问题相对应的其实是对“我”的三大终极探索：探索“我”与自己的关系、探索“我”与他人的关系、探索“我”与世界的关系。

儿童在成长过程中的主要任务是认识外界，而青少年的主要任务则是认识“我”。儿童要完成的发展是对好奇心的满足，而青少年要完成的蜕变则是自我意识的觉醒。

自我意识强烈觉醒，认知能力迅速发展，但知识经验却相对不足，再加上青春期激素分泌的变化容易引起情绪的不稳定，这就会使她们遇到很多“成长的烦恼”。

青少年时期的困惑如果没有得到及时的解答和引导，不仅会影响此时期的身心发展，还可能会持续至成年，甚至影响终身。它会让一个人花上十年、二十年、三十年或更多的时间，来寻找自己人生中那些内耗的根源。有的人甚至在中年时还被困在青春期的旋涡里，时而想要回到“现场”，去处理那些当初未曾妥善解决的问题。

但青春期内心产生这些“问题”，其实本身没有一点过错。因为思考这些问题，并在与世界的碰撞中不断修正前进的方向，是我们通向心智成熟、成功完成社会化的一条必经之路。这条路上的每一个激流险滩，都需要我们自己去跨越，每一处风景，都需要我们自己去体会。等到达彼岸时就会蓦然发现，原来“轻舟已过万重山”。

所以，现在就让我们甩掉心理包袱，轻装出发吧，在成长的路上，学习成为更好的大人！

白鹿

目录

第一章　身体变化

第二章　情绪波动

第三章　异性交往

第四章　同伴压力

第五章　自我保护

第六章　学业困惑

第七章　网络安全

第八章　亲子关系

第一章 身体变化

因为胸部发育而被开玩笑，怎么办？

青春期女孩的来信

张昕老师、白鹿老师：

你们好！

我是一名初一的女生，我叫一诺。我最近遇到了一个不怎么好意思开口的烦恼。因为我身体发育得比较早，现在初一了，胸部已经挺明显的了。班上的一些男同学就开始议论或者嘲笑我，给我起外号，叫我“奶牛”“奶妈”。夏天的时候，内衣带子能看得出来，我经常能听到同学们在背后叽叽喳喳地笑我。还有女同学跟我说：“你不要穿这么紧身的衣服，显得有点暴露，而且很多男生都会看你。”

因为这个事情我烦恼了很久，平时走路都含胸驼背，显胸的衣服我根本不敢穿。买内衣的时候我都会故意让妈妈买小一号，希望能限制胸部的生长。我甚至还用毛巾把胸部裹起来，想把胸部勒扁一点。

我现在不敢吃水果，也不敢喝牛奶，生怕胸部会继续长大。我非常苦恼、自卑，不知道该怎么办。和其他女孩比起来，自己好像是一个怪胎。我害怕别人的目光，甚至老师让我上讲台解题时，我都觉得台下的同学在对我指指点点，嘲笑我的胸部或是内衣带子。老师，请问我到底该怎么办呢？

烦恼的一诺

解忧信箱

一诺：

你好！

老师很能理解你现在的心情。许多青春期的女孩都会有这一类身体变化并遭遇随之而来的评价和指点。有时候，来自身边同学的恶意确实是很伤人的。

但你要记住，他们不是你身体的主人，你才是你身体的主人。他们没有定义你、影响你的权利，你要给自己建立积极的自我形象。

身体，尤其是容貌，是一个人初步认识“自我”的重要组成部分，心理学上将其称为“自我形象”。正确地认识自己的容貌和身体，也就是建立积极的“自我形象”，这对我们建立积极自尊以及保持心理健康都有着重要的作用。

要正确地认识我们的“自我形象”，就要先学会接纳自己的身体形象和个人特点。首先，我们应该了解和欣赏自己的身体特征。胸部发育是一名女性从儿童逐步向成人发展的必经过程，这是再正常不过的了。你需要在心里坚定一个想法：发育早只是你的特点，但绝不是你的缺点。无论我们的身材是丰满还是清瘦，都只是不同的风格而已，没有优劣高下之分。

所以，不用穿不合身的内衣，特意限制身体的生长发育，因为这很有可能会影响乳腺的健康。你也不用不喝牛奶、不吃水果，因为你现在正是长身体的时候，要多补充营养才对。只要是符合健康要求的饮食习惯和生活方式，就没有必要去刻意回避它。

再说，人是一个整体，而非一个行走的器官。形成我们外在形象的并不是身体的某一个具体部位，而是我们整体向上的精神面貌，包括良好的生活状态、健康的体态、积极的心态等。所以，我们应该将注意力从某个器官上抽离出来，更多地投入到兴趣爱好、学习、体育锻炼中去，努力成为更好的自己。

当我们建立了这种积极的自我形象后，就可以建立起强大的内心，在面对外界的压力和挑战时就更能保持稳定和自信。

另外，部分同学对你的嘲笑，可能是源于一种对“外群体”的排斥。社会心理学显示，人们会不自觉地根据相同和不同的特征把人划分为“内群体”和“外群体”。为了寻求心理上的安全感，对与自己有不同特征的外群体，人们会不自觉地保持距离，甚至去贬低、歧视。而打破这种“外群体歧视”的方法，就是通过“共情”心理去消除偏见。例如，对女生可以表示“我们同为女孩，都会经历这一阶段，希望你能站在我这边”；对男生可以表示“你也有母亲和姐妹，请你尊重女性”。

你的解忧老师

青春期行动指南

同学都拿我的身材当笑料，我该如何应对？

① 学会对恶意进行反击。

如果有人再以胸部的话题来恶意取笑你，你不必感到羞耻，因为你根本没有错。你越表现出羞愧，他们反而越觉得是你有问题，会越来劲。你要学会毫不留情地反击，将话题从你身上转移到他们身上去："你作为一个学生，心思不放在学习上，整天关注女孩的胸部干什么？"

② 不必过分关注个别部位。

人是一个整体，不是可以拆分成一个个零件的商品。我们要学会从整体欣赏自己：挺拔的姿态、自信的面貌、健康的身体、向上的状态，才是我们应该关注的。

③ 学会处理别人的评价。

对于别人提出的关于形象上的正确建议，我们可以采纳。但如果别人对我们天生的特征指指点点，甚至说得很难听，那么说明他不尊重你。对这样的人我们可以无视，也没必要因为他们的话来"折腾"自己。

女孩也会有变声期吗？

青春期女孩的来信

张昕老师、白鹿老师：

你们好！

我叫黎黎，今年上初三了。最近我感觉自己的嗓音变粗了，我很担心，都不敢说话了。小时候我的嗓音条件一直很好，同学写作文的时候都形容我有“银铃般的笑声”，老师也叫我“小百灵”。

我很爱唱歌，一直是学校合唱团的成员，也参加过一些少儿歌唱比赛，还拿过名次。而且我的音域很广，能唱到很高的高音，有些歌手的那种“海豚音”我也能唱。

但从今年开始，我发现我高音唱不上去了，从一开始的破音，到后来高音完全发不出来。我最开始以为是那阵子得甲流导致嗓音变了，等病好了应该就没事了，但没想到病好之后我的声音还是那样。我还老觉得喉咙里有东西，咳不出来，也咽不下去。合唱团的老师叫我先别唱高声部了，说我可能是进入变声期了。

我现在非常着急，我们音乐老师说的是真的吗？女生也有变声期吗？我的嗓音难道就这样了？难道我以后都要告别唱歌了吗？

黎黎

解忧信箱

黎黎：

你好！

大家都知道男孩会有一个变声的阶段，但其实女孩在13～16岁，也会进入变声期。

进入青春期，由于性激素的分泌，人的喉头和声带会发生结构变化，声音共鸣频率也随之变化，导致变声期出现声音嘶哑、音域狭窄、发音疲劳、局部充血水肿、咽干咽痒、咽部异物感、痰液增多等诸多症状，说话声音也明显变得更为粗犷。一般在半年到一年后，变声期会结束，你的声音就会从儿童的声音转变为成年人的声音了。

童声时期，我们的声带比较薄，振动频率高，高音部分可以通过真声唱上去。而进入变声期后，声带会充血变厚，振动频率变低，导致高音无法用真声唱上去。

音乐老师分析你可能是进入变声期了，是因为你的症状确实比较符合这些特征。不管男孩女孩，进入变声期，很多老师都会让你们暂停训练，等声带发育稳定了再恢复练习。

如果有专业需求，实在需要练声，也要在正规的训练机构接受科学的训练方法（比如学习胸腔共鸣、头腔共鸣、拉伸声带等）。要避免起调太高，需要由低到高、由弱到强，给声带肌肉一个逐渐适应的过程，而且要注意避免长时间的持续练习。如果遇到高音唱不上去的情况，也不要强行扯着嗓子硬唱，因为“欲速则不达”，这么做反而会给声带造成损伤。

等度过了这个变声期，你的声带情况稳定了，就可以迎来一个崭新的“好声音”啦。如果你在变声期过后发现高音还是唱不上去，也不用因此变得一蹶不振。发展心理学中的“补偿的选择性优化模型”认为，面对一些生理或心理上的改变，例如认知能力下降、体能出现问题、嗓音变化等，个体可以采用“选择”“优化”和“补偿”这三种策略来应对这些改变所带来的不利结果。比如你可以换个赛道，专攻女中音方向，也一样可以实现歌唱的梦想。

目前阶段，我建议你注意保持健康的生活习惯，少吃辣、少熬夜、少大喊尖叫，尽量避免生病着凉。如果有明显的不适感，比如长时间的咽痛、嘶哑、失声，请及时前往正规医院的耳鼻喉科进行检查。

你的解忧老师

青春期行动指南

女孩也有变声期吗？我该怎么面对？

① 变声期要节制用嗓。

避免高声尖叫、大量说话、飙高音等行为。不要强行挑战自己的生理极限，要注意合理安排音高、音强和用声时长等。青春期难免情绪不稳定，但要注意尽量别用大吼大叫的方式去发泄情绪。

② 保持健康的生活习惯。

不要吃过于甜腻、生冷、辛辣刺激的食物，不要熬夜、彻夜聊天等，这些行为都对咽喉和声带有着不可逆的伤害。

③ 如有异常请前往正规医院就诊。

如果有明显的不适感，比如明显的喉咙疼痛，长时间的嘶哑、失声，一定要及时前往正规医院的耳鼻喉科进行检查，并按医嘱进行治疗和调整。

来月经之后，我就是大人了吗？

青春期女孩的来信

张昕老师、白鹿老师：

你们好！

我是一名正在上初一的女孩，我叫轩宜。上周末我本来和闺密约好去游泳，结果就在去的前一天晚上，我发现我的内裤上出现了血迹，这下游泳去不成了。

因为之前妈妈给我讲过关于月经的知识，所以我倒也没有感到害怕。爸爸妈妈知道后还给我买了一个小礼物，是一条手链，说庆祝我长大了。晚上，妈妈单独到我房间里，给我讲了一些月经期间的注意事项，说我从今以后就是大姑娘了。但我不知道为什么，莫名觉得有点委屈，可能是因为游泳没去成，也可能是因为我还没做好当“大人”的准备。

周一来到学校，我去厕所换“创可贴”的时候，被班上女同学知道了。她们很好奇，围着我问东问西。有的说来月经就是来“倒霉”，不值得庆祝。还有一个女生跟我说，要用黑色塑料袋装卫生巾，这样就不会被别人发现。

前一刻我还是个无忧无虑的小孩子，这一刻我突然就要注意这么多烦人的规矩，我真的很苦恼。老师，来了月经之后，真的就变成大人了吗？

不想长大的轩宜

解忧信箱

轩宜：

你好！

首先，我要表扬你爸爸妈妈的做法。月经初潮，是值得纪念的事。因为有了月经，才会有人类的繁衍，它就是值得欢呼、值得庆祝的。身体里流出来的经血，不是“脏东西”，更不是所谓的“倒霉”，而是正常生理现象下的产物。这没有什么羞于启齿的，反而是值得骄傲和自豪的一件事。我们要打破“月经羞耻”，正常称呼月经和卫生巾，没有必要使用代号。卫生巾和卫生纸一样，都是正常的生理卫生用品。

至于你问的，来了月经之后，就是大人了吗？我要从几个方面来回答：

一、从法律层面来看，你肯定不是大人。只有等你年满十八周岁之后，才能算成年人。所以，如果有任何人以“你已经是大人”为理由，诱导你做一些只有成年人才可以做的事，比如抽烟、喝酒、开车甚至发生性关系，一定是错的！而且，对于这些事，你一定要坚决拒绝，及时远离他们！

二、从生理层面来看，是的，第一次生理期的来临确实是女孩长大的标志。这说明你的身体发育健康，代谢良好，生殖功能逐渐成熟。恭喜你！

三、从心理层面来看，成为“大人”其实是一个持续不断的过程。不同的生理、心理功能，是在不同的年龄段成熟的。根据西雅图纵向追踪研究，情绪控制能力的成熟出现在成年早期（20 多岁）；记忆力会在 25 岁左右达到顶峰；逻辑推理能力会在 35 岁左右达到顶峰；认知能力会在 40 多岁达到顶峰；人生经验，甚至到 60 多岁还会一直发展。

不过，身体的成熟，只是成为大人的一个初始条件。除此之外，情绪的成熟、认知的成熟，都是成为真正的大人的必要条件，而这些都会来得比较晚。

我记得我在二十多岁的时候读《红楼梦》《水浒传》，当时我以为我看懂了，因为我已经是个"大人"了。但到三十多岁的时候再看，又觉得我当时完全是小孩子的视角，根本不懂其中的深层含义。也许我到了四十多、五十多岁的时候再看，又会觉得现在的我还是个小孩子呢。

第二性征的发育，只是成为"大人"的第一步。而心理上的成熟，可能是一件一辈子都在不断变化的事。你现在心理上还没做好长大的准备，没关系，那就先不长大嘛。"长大"这件事，咱们有一辈子的时间，可以慢慢做。

你的解忧老师

青春期行动指南

月经初潮的我，该如何应对？

1 少吃生冷刺激的食物。

在月经期间，尽量避免大量吃冰激凌、喝冰饮料、吃刺激辛辣的食物等。因为经期女生的抵抗力弱，吃冰、吃辣很容易让脾胃不适，而且生冷刺激的食物也可能加速血液循环，导致出血量增多。

2 注意保暖。

很多女孩在经期会有手脚凉、肚子痛等症状，可以用暖水袋、暖宝宝取暖，也可以用热水适度泡脚。因为经期受凉会导致子宫收缩，加重痛经，而热敷本身也有镇痛效果。但如果肚子疼得厉害，一定要去询问医生要不要吃止痛药。

3 拒绝月经羞耻。

没有必要用黑色塑料袋装卫生巾，也不需要给月经冠上“倒霉”“那个”这类代称，大大方方地正视自己的生理现象，才能更好地爱护自己的身体。

都说有经期综合征，这是真的吗？

青春期女孩的来信

张昕老师、白鹿老师：

你们好！

我是一名初三的女生，我叫一言。不知道从什么时候开始，我觉得自己好像“得病”了，时不时就会情绪低落，莫名其妙就会想哭，学习也学不进去，而且对人对事都非常烦躁，看什么都不顺眼。

一开始我以为自己得抑郁症了，后来我发现这种“抑郁”好像是有规律的，就是月经来之前的那个星期开始，到月经快结束的时候停止。比如近半年，我时常会变得懒惰，不关心身边的事。只要遇到一点突发状况，就会烦躁不安，情绪开始暴躁。

爸妈不理解我，说我矫情、脾气差。我也控制不住我自己，眼泪止不住地流，晚上躺在床上，又困又累，但是睡不着。

等月经结束之后，我觉得我又恢复到了以前的状态，心情变好了，对人温和了，学习也学得进去了，吃饭也正常了。

最近看到一个女性科普视频，才知道有个词叫作“经期综合征”。我怀疑我就是，但爸妈说我没病找病，对号入座。“经期综合征”真的存在吗？如果真的是，我又该怎么办呢？

烦躁的一言

解忧信箱

一言：

你好！

来信收到，我对你的痛苦深表理解。首先可以肯定的是，“经期综合征”确实存在。这绝不是因为你“矫情”或是“脾气差”，而是经过科学证明了的病征，很多女性都深受这种症状的困扰。

“经期综合征”是指在月经来潮前周期性且反复性出现的一系列症状，有躯体症状和心理症状。躯体症状包括头疼、乳房胀痛、怕冷、恶心、水肿、腹泻、便秘等。心理症状包括焦虑、易怒、烦躁、抑郁、容易疲劳、暴食、失眠、记忆力减退、反应迟缓等。一般在月经结束后症状又会自行消失，因此它是周期性出现的。

生理心理学的研究证明，“经期综合征”与卵巢的激素水平波动、神经递质的变化等因素有关。在月经来潮前夕，雌激素和孕激素波动明显，血清素降低，这些都有可能会导致情绪波动、饮食冲动和其他躯体及心理症状。

所以，你出现了这些症状，不必过于自责，更不应该被指责，它就和感冒发烧一样，是身体出现的不舒服，在提醒你注意调整状态，多休息。女性的身体很神奇，也很聪明，它像一个精准的日历，定期提醒你：“是时候放松一下啦，该好好关注自己、爱护自己啦！”

当我们明白了原因，就不会因为觉得自己有毛病而恐慌，更不会因为以为没法治而绝望。因为我们知道，消极的状态总会过去，而且是有办法去解决的。在此期间，我们可以利用情绪心理学中的一些研究成果，采取一些应对轻度抑郁的方法，比如晒太阳、运动、补充维生素D和维生素B、适当吃点巧克力等。研究证明，这些方法都有利于调节体内的神经递质，进而影响中枢神经系统功能。还有就是多做一些让自己身心愉悦的事情，比如郊游、打游戏、逛街、看喜剧电影，这些活动也可以提升身体内多巴胺（大脑产生的一种能带来愉悦感的神经递质）、内啡肽（能改变负面情绪的神经递质）水平，从而起到调节情绪的作用。总之，要让自己快乐。

如果症状实在严重，已经影响到正常的学习、生活和人际交往，那么一定要去正规医院寻求妇科医生或心理科医生的帮助，在医生的指导下使用药物来调节情绪和躯体症状。

你的解忧老师

青春期行动指南

我好像患了“经期综合征”，我该怎么办？

1 关注自身的状态。

关心自己的状态变化，是爱护自己的第一步。如果发现自己正在周期性地陷入烦躁、崩溃、抑郁等坏情绪里，就要意识到这可能是受到了“经期综合征”的影响。知道了原因，就能更好地解决问题，不会陷入无助的困境中。

2 补充维生素、钙质等。

除了在医生的指导下使用药物调节外，我们也可以适当摄入一些维生素B、维生素D、钙质等。饮食方面，可以多吃鱼、虾、鸡蛋、牛奶、燕麦、葡萄等。另外，也可以多晒太阳，促进维生素D的吸收。

3 加倍爱护自己。

在这期间，可以加倍地对自己好，比如把被窝弄得暖暖的，衣服穿得软软的，点个温馨的小灯，喝点喜欢的热饮，做自己喜欢的事情，放喜欢的音乐，追喜欢的动漫。总之，要自己疼爱自己。

内裤上总有一些白色的分泌物，这是正常的吗？

青春期女孩的来信

张昕老师、白鹿老师：

你们好！

我叫茉茉，今年上初一了。我现在心底有个疑惑却不好意思说，就是我内裤上总会有一些白色分泌物，这是正常的吗？

从小到大，我的衣服从来都是干干净净的，内裤更不可能脏。我每天都洗澡，并且勤洗手，上完厕所都会擦干净。可不知道为什么，现在，我的内裤就是不能像以前那样干爽洁净了，总是有一些黏黏糊糊的白色分泌物，干了以后还会有一点点发黄，有时还有点酸奶味。

我自己在网上查，结果有说宫颈癌的，有说性病的，有些说得很严重，感觉我都活不了多久了似的。我害怕得睡不着，躲在被子里哭。妈妈问我怎么了，我哭着说："我可能是得性病了。"妈妈赶紧问我："你和男生有过亲密接触吗？"我说："没有。"妈妈笑得前仰后合，说："快睡吧，别胡思乱想啦。"我也不知道妈妈为什么笑，可我明明很害怕啊！谁能告诉我这些分泌物到底正常不正常啊？怎么办呢？

茉茉

解忧信箱

茉茉:

你好!

在青春期之前，女孩在健康状态下是不会有阴道分泌物的。但进入青春期之后，出现白色分泌物是正常的生理现象。这种分泌物叫作“白带”，是由阴道黏膜渗出物、宫颈管及子宫内膜腺体分泌液混合而成的，并不是什么“脏东西”，也不是因为不讲卫生或是发生性行为导致的，而是由于卵巢发育和雌激素分泌引起的。

白带对于女性的隐私部位有着保护作用，可以使其保持湿润，增强对细菌的抵抗力。你现在产生白带，是完全健康、正常的。相反，如果到了青春期还没有白带，反而是一种异常现象，需要去医院检查是否存在阴道瓣闭锁或卵巢发育不良的情况。

正常白带一般是稀糊状或蛋清状，有时白色，有时透明，有时黏稠，无异味。此外，白带的性状也有周期性变化，比如排卵期分泌量明显增多，还会呈现出透明拉丝状，这都是生理现象，无须干预。

如果没有其他异常症状（比如严重瘙痒、严重异味），白带在内裤上干了以后会轻微发黄也是正常的生理现象，这是由于氧化作用引起的。有淡淡酸奶味也不用紧张，因为阴道上皮细胞中含有糖原，阴道内的乳酸杆菌会利用糖原作为基质产生乳酸来抑制病菌繁殖，使阴道pH值维持偏酸性，所以带有轻微酸性气味是正常的。

当然，我们还是需要关注自己的白带性状，因为白带的异常往往与阴道炎症或生殖系统的疾病密切相关。从外观和颜色上观察，异常情况有：脓性、带血、水样、豆腐渣样、泡沫样，颜色呈灰黄色、黄绿色、灰白色等。从气味上分辨，异常情况有：脓臭味、鱼腥味、酸臭味等。从感觉上区分，异常情况有：瘙痒、疼痛、灼烧感等。如果观察到以上症状，建议前往正规医院及时就诊。

另外，你所担心害怕的"性病"，是以性行为为主要传播途径的一种疾病（95%以上的性病是通过性行为传播，另外还可能通过母婴、血液、医疗过程防护不当、公共场所不当接触等方式传播），症状也会严重很多，例如腹痛，发热，分泌物异常，外生殖器畸形、病变，淋巴结肿大等情况。以你的情况来看，几乎没有可能罹患性病，这也是你妈妈笑的原因啦。

你的解忧老师

青春期行动指南

内裤感觉脏脏的，我要去看医生吗？

① 注意个人卫生。

平时需要多注意个人卫生，每天用清水清洗外阴部位。如需用手接触隐私部位，也需要将双手清洗干净。另外，如厕之后擦拭时，需要从前往后擦拭。经期的卫生巾、护垫需要及时更换。

② 不要滥用抑菌洗液。

如果没有异常症状，女生其实不需要使用私处抑菌洗液或护理液。因为我们的阴道具有一定的自洁功能，在做好清洁卫生的情况下，是可以自己抵挡细菌侵入的，滥用抑菌洗液反而可能打破阴道菌群平衡的状态，引发感染。

③ 出现不适症状时及时就医。

女生对自身的白带状况需要进行密切的观察，一旦出现不适症状，比如瘙痒不适、分泌物颜色异常、有异味等，要及时前往正规医院就医，在医生指导下合理使用药物治疗。

最近长了好多痘痘，颜值崩塌了，怎么办？

青春期女孩的来信

张昕老师、白鹿老师：

你们好！

我叫小茵，今年上初三。我现在快要被脸上的“青春痘”折磨疯了！不都说青春期是最美好的时光吗？为什么会有痘痘这种完全不美好的东西存在啊！

本来我的皮肤算是比较白的，我对自己的长相也比较满意。但现在我的额头、下巴和嘴巴周围总是长很多痘痘，又红又肿，里面还有白色的颗粒。如果用手挤掉，痘痘会流血，那个位置还会留下痘印痘坑。如果不挤，痘痘就很久都消不掉，而且我也总是管不住手。我也去医院做过清创，但过一段时间还会再长。

现在我脸上长痘的地方毛孔都变粗了，一个个红疙瘩还经常连成一片，感觉我的颜值全崩塌了。我以前非常爱照镜子、爱自拍，现在我都好久不拍照片了，看见镜子里自己的皮肤就来气，人也变得自卑了。我到底该怎么办呢？

小茵

解忧信箱

小苗：

你好！

你的烦恼我们完全理解，因为我们高中时也曾经被这些恼人的小疙瘩困扰过！不过，老师要先给你吃一颗定心丸：绝大部分人的“青春痘”，过了青春期就会自行缓解或痊愈啦。

“青春痘”的学名叫“寻常痤疮”，一般是由于雄激素水平较高，导致皮脂腺分泌更多皮脂，再与脱落的表皮组织混合后堵塞住毛孔而形成的，会产生粉刺、丘疹、脓疱等症状。你现在正处于青春期，激素水平变化较大，所以痘痘一直此消彼长，这是很正常的。就像你说的，即使去医院做了“清创”也是“治标不治本”，之后还是会再长。

但你不必着急，一般等到青春期过后，体内激素水平稳定了，“青春痘”就会自行消失。而且年轻人新陈代谢较快，大部分痘印也会变淡乃至消退，到时候你的颜值又会恢复如初，不必为此太过烦忧。

至于毛孔粗大，其实也不用太放在心上，因为正常的社交距离其实是看不见毛孔大小的。有时候我们可以试试站在镜子两米开外的地方看自己，那才是你在别人眼中的真实样子。

当然我明白，青春期的孩子本来就处于一个特别在乎自我形象的敏感时期，你现在为此困扰也是很正常的。如果不及时干预，可能会摧残自信心，影响社交和学习，甚至引起焦虑、抑郁等情绪障碍。所以必要的时候，我们可以选择去医院皮肤科就诊，使用一些维A酸类、壬二酸类、消炎抗菌类的药物来治疗。

除了受雄激素影响，“青春痘”的出现和细菌感染、炎症也有很大的关系，所以我建议你保持良好的卫生习惯。比如，不要用没洗过的手去抚摸、挤压、抠破痘痘，也不要用化妆品遮盖痘痘，以免加重毛孔堵塞，甚至引起细菌感染、发炎。

另外，熬夜、高糖高油辛辣饮食、心理压力过大，也可能导致皮脂分泌增多或者内分泌失调，从而使痘痘爆发得更严重。这可不是危言耸听，别看老师早都过了青春期，但现在要是熬夜到很晚，第二天早上起来脸上就会特别油，不出两日肯定会长出痘痘。所以，及时疏导心理压力，保持健康的作息也是“战痘”的重要方式哟。

你的解忧老师

青春期行动指南

不停地冒痘，我该怎么办？

① 静待花开，不必焦虑。

一般来说，等到青春期过后，体内的激素水平会渐趋稳定，绝大部分人的“青春痘”就会自行缓解或痊愈。所以不必太过焦虑,现在的“颜值崩塌”只是一个暂时现象。

② 形成良好的卫生、饮食习惯和健康作息。

不要用手去抚摸、挤压、抠破痘痘，也不要用化妆品遮盖痘痘，以免引起细菌感染或发炎。不要经常熬夜，尽量改掉长期高糖、高油、辛辣的饮食习惯。如果有较大的心理压力，要及时找老师、家长或者专业咨询师进行疏导。

③ 去正规医院就诊问药。

可以去医院皮肤科就诊，使用一些维 A 酸类、壬二酸类、消炎抗菌类的药物来治疗痤疮，同时结合其他症状让医生进行准确评估，明确是否需要去内分泌科检查激素水平。

这些地方长毛毛了，要不要刮掉？

青春期女孩的来信

张昕老师、白鹿老师：

你们好！

我叫南南，今年上高一了。好像是从去年开始，我发现我变成了一个“毛孩”，胳膊上、腿上的汗毛变得很浓密。

我的手臂伸出来根本不像别的女孩子一样白白嫩嫩的，而是像男生一样，汗毛又黑又长又密。到了夏天，我都不太敢穿短裤或短裙，因为我觉得自己的腿毛太旺盛了。

更崩溃的是，我嘴唇边上也有“小胡子”，看起来脏兮兮的，总是有种脸没洗干净的感觉，而且感觉跟男生一样！这些“小胡子”实在是太影响颜值了。

前几天，有同学说在学校花圃里看到了小松鼠，大家都一窝蜂地凑上去看热闹，我和我喜欢的男生挨得比较近，结果他突然说：“哇，近距离观察才发现你的汗毛好多啊！”

当时我简直恨不得挖个地洞钻进去，被喜欢的男生这样说真的太受打击了！我能不能把这些毛毛都刮掉啊？

南南

解忧信箱

南南：

你好！

首先，老师想告诉你，如果只是体毛旺盛，没有伴随其他不适症状，那就不必过于担心，这是个人的身体特征。其次，刮掉汗毛倒也没什么大不了的，尤其是刚刮掉的头两天你会感觉不错，看到手臂恢复了它白白嫩嫩的本来面目，自己都忍不住反复自我欣赏。但问题是，它还会长出来的，而且会比之前更粗、更密、更硬，别问我为什么知道……因为我比你的经历还尴尬，我刚长出来的汗毛曾经扎到过我喜欢的人，他说："你的汗毛切口真整齐啊，扎人怪疼的！"听到他这么说，我当时也感到无地自容。

不过，在解决烦恼之前，我们先来了解一下体毛旺盛的原因。女孩子出现汗毛旺盛的情况，除了遗传因素的影响外，主要还是由于雄激素分泌增多。青春期女生的性器官逐渐发育成熟，不仅会分泌雌激素，也会分泌雄激素。有些女孩雄激素分泌较多，当雌激素不足以平衡雄激素的影响时，就会出现体毛浓密的情况。

体毛旺盛的女孩子其实不必太过烦恼，凡事有弊就有利。同理，毛发旺盛也是一柄双刃剑。一般胳膊、腿、嘴唇上方汗毛茂密的女孩，头发、眉毛、睫毛也会相对更浓密，将来做发型、化妆会有更多空间。你认为的颜值劣势，也有可能会带来优势呢！

如果你对汗毛浓密的问题实在非常介意的话，我建议你可以等上大学之后去正规的医院或美容机构进行脱毛治疗。这一类技术现在已经比较成熟，正规疗法只要几分钟，方便快捷，安全性比较高，价格也不贵。

所以，这不是个很难解决的问题呀！你完全不必为此困扰。不过要注意，千万不要去无资质的小诊所，那里可能价格不透明，存在乱收费或多收费等情况，而且还有可能不具备基本的医疗卫生条件，存在安全隐患。

如果没有伴随其他的身体不适，只是体毛相对茂密，那就无须过分担心，也不用进行特殊治疗。但如果还伴随其他不适症状，比如月经不调、闭经、失眠、脱发、丘疹、多汗等，则有可能是因为内分泌失调、多囊卵巢综合征等问题引起的，这时候就一定要前往正规医院就诊了。

你的解忧老师

青春期行动指南

好想去脱毛，有必要吗？

① 不要频繁使用脱毛膏或直接用刀片刮。

因为不管是用脱毛膏除毛还是用刀片刮，都不会彻底解决毛发旺盛带来的困扰，反而还有可能刺激毛发生长，使新生毛发更加粗硬。除此之外，频繁使用脱毛膏对皮肤也有一定伤害，可能导致皮肤红肿、过敏和脱皮。

② 可以去正规医院或美容机构进行激光脱毛。

你可以等成年之后去正规的医院或医美机构进行激光脱毛治疗。这一类技术现在已经比较成熟，安全性较高，价格也不贵。但注意不要去无资质的小诊所，谨防消费陷阱和安全隐患。

③ 如有其他身体异常需及时就诊。

如果除了体毛旺盛，还存在其他身体异常情况，比如月经不调、失眠、脱发、畏热等，则需要前往正规的医院进行激素水平的检查，以防存在内分泌失调或者多囊卵巢综合征的情况。

从稚嫩到成熟，初长成的
少女青春可期。

第二章 情绪波动

最近总是很郁闷，我是得抑郁症了吗？

青春期女孩的来信

张昕老师、白鹿老师：

你们好！

我叫悦悦，是一名初三的女生。最近我总觉得自己很郁闷，尤其是阴雨天或者天冷的时候。

比如上学的时候，我就像个行尸走肉，明明作业很多，却也不想好好做，心里烦躁但说不出是什么原因。好不容易熬到周末，一整天都想宅在家里，一方面觉得很孤独，但另一方面我又懒得出门约闺密玩。晚上拿着平板电脑刷着一个个短视频，觉得很没意思，可我也不想去看书，更不愿意刷题。

晚上睡不着，早上又起不来，醒了也不愿意起床。天气好点倒还好，但是一到阴雨天或者冬天，想到外面湿答答又冷飕飕的，没有太阳，就觉得心情无比烦躁、低落，仿佛到了世界末日一般。做什么事情都提不起精神来，看见谁都烦。可是我也没遇到什么特别大的打击，就没来由地觉得没劲！老师，我这样是不是得抑郁症了啊？

悦悦

解忧信箱

悦悦：

你好！

你说的这种情况，可能是一种季节性情绪失调。它是一种特殊的情绪障碍，主要表现是一年内大部分时间都挺正常，但到了冬季就会出现类似抑郁倾向的情绪低落、慵懒乏力、失眠或嗜睡、厌食或贪食、缺乏兴趣等症状，其主要原因其实是日照时间变短导致体内激素水平的变化——比如5-羟色胺的缺乏以及褪黑素的过度分泌，就很可能导致抑郁情绪的发生。同理，阴雨天心情不好，也是由日照变少的原因所致。

另外，你的情况还可能与心理学中所说的心境波动有关。在心境波动的情绪低落期，我们会感到疲倦，无精打采，缺乏动力，对日常活动缺乏兴趣。但在情绪良好时，一切又会恢复正常。

心境波动在青少年中比较常见，可能是因为青春期神经发育和大脑发育尚未完善，大脑中激素水平，如5-羟色胺、去甲肾上腺素等快速变化，身体一时间无法适应这样的"剧变"，导致心境上的较大波动。这种是属于正常的生理现象，通常不需要特别治疗。

此外，压力也是导致情绪低落的另一方面原因。作为中学生，学业压力、同伴压力等都有可能引发负面情绪。

季节性情绪失调以及心境波动，有时候容易与抑郁症混淆，所以我们有必要学会识别和区分这两者。如果是抑郁症，需要尽可能早期诊断，及早治疗，以免耽误病情。

抑郁症的症状包括：长期的心境低落（两周以上），意志活动减退（做任何事都提不起精神），快感缺失（美食、游戏、爱宠……任何事都无法带来快乐），有自杀倾向和行为（觉得活着没意思），容易产生与事实严重不符的自责、罪恶情绪（为一点小事就想以死谢罪），有低自尊倾向（觉得自己是废人），不良躯体症状（失眠、厌食、胸闷等）。

需要注意的是，通过以上症状可以初步判断是否出现抑郁的情况，但只起参考作用，抑郁症的具体诊断需要医生根据情况进行进一步评估。单纯的情绪波动也可能是季节变化、精神压力过大等因素导致的。

在你感觉情绪低落的时候，不妨听听轻音乐，跑跑步，泡个热水澡，或者找好朋友倾诉一下。多做些取悦自己的事情，分散自己独处时的注意力，努力去寻找属于自己的快乐。

你的解忧老师

青春期行动指南

情绪总是低落，我该怎么调节？

① 通过自我调节来增加体内的多巴胺。

如果只是情绪低落，没有达到抑郁症需要就医的程度，其实可以通过调整饮食、加强运动等方式进行自我调节，以此来促进多巴胺的分泌。比如，摄入巧克力、补充维生素 D、晒太阳、体育锻炼等。

② 学一些放松技巧。

进行放松训练可以有效缓解情绪波动，例如正念训练、瑜伽、冥想、泡热水澡、听轻音乐等，再辅以均衡饮食、充足睡眠作为补充支持。

③ 积极倾诉。

当我们感到情绪低落时，可以向家人、朋友或心理老师倾诉，这样可以使内心的压抑情绪得到释放，也能帮助自己找到情绪低落的具体原因。

女同学太完美了，我很嫉妒她

青春期女孩的来信

张昕老师、白鹿老师：

你们好！

我叫佳佳，今年上初三。我发觉自己最近心态很不好，因为我很嫉妒同班的女同学小晴。她长得非常漂亮，皮肤白，大眼睛，身材纤细，大长腿，成绩也好，人缘也很好，可以说样样都比我优秀。

我曾经也觉得自己挺不错的，成绩也不错。可是看到她，我真是感到相形见绌。站在她身边我就觉得自己像个配角，而她天生就是命运的主角。我感觉我很嫉妒她，每次看到她被老师表扬了，或者被同学们众星捧月地围绕着，我就觉得心里酸溜溜的，很不是滋味。我觉得自己一辈子都达不到像她那样优秀的程度。

更令我羡慕而不得的是她温馨幸福的家庭氛围。她是家里的独生女，爸爸妈妈都很爱她，支持她的梦想和爱好。而我的爸爸妈妈对我却永远是否定和打击，他们永远偏心我的弟弟。我心里很不平衡，为什么世界上有她这么幸运的人，为什么她什么都比我好？

佳佳

解忧信箱

佳佳：

你好！

首先，老师要给你解释一下，“嫉妒”到底是什么？嫉妒，其实是一种很常见的心理现象，它因社会比较而起，掺杂了羡慕、渴望、挫败感等复杂的情绪，有时甚至还带有敌意、厌恶和仇恨。

在青春期的同伴关系中，总是伴随着各种各样的社会比较，因为这对青春期的自我概念形成有着非常重要的作用——这也是为什么老师总喜欢给同学们设定一个“榜样”。或者说，我们自己也会在心里暗暗树立一个比较的对象。这个“榜样”往往会是大家学习、欣赏、羡慕，当然，也包括嫉妒的对象。榜样的设定，能激发我们模仿、竞争和超越的动机，但同时也确实容易引起比较强烈的挫败感。那么，“嫉妒心”就在这种时候产生了。

所以，从某种意义来说，小晴其实是你的榜样，她就像是你心目中的“理想自我”。如果再深入一点分析，你的情况在我们看来更像是一种“愤怒转移”。你对她其实是欣赏和肯定的，你希望成为她那样的人，希望拥有她那样的原生家庭环境，但是你的“现实自我”目前无法做到。你把对自己和家庭无能为力的愤怒，转移到了这个你暂时够不到、赶不上的“理想自我”身上。

当嫉妒心产生时，我们可能会对这个“榜样”产生敌意。但随之而来的，可能是自责、羞耻、愧疚，觉得自己有些自私、卑鄙。但其实，感受到嫉妒的情绪很正常，大多数人或多或少都有过嫉妒他人的瞬间。你能够把内心的情绪勇敢地表达出来，已经很棒了！现在最关键的是如何对这种情绪进行积极的引导。

首先，我们要承认和接纳自己的嫉妒心，既不美化为“我只是佩服她”，也不否认，觉得“她也没啥了不起，我嫉妒她干吗”，更不妖魔化地认为“我对她有嫉妒心，我是个坏人”。

其次，我们要正确认识并控制自己的情绪，将情绪和行为区分开来，“论迹不论心”。哪怕我们心里曾经闪现过一些不好的念头，也仍然可以逐渐改变，不被负面情绪影响，在行为上正直地释放善意。

总之，如果我们因为嫉妒去做暗算别人的事情，那就会害人害己；如果因为嫉妒而怨天尤人，陷入痛苦自怜的深渊，那就是想不开。我们要将嫉妒化为动力，努力追赶，争取让自己成为更优秀的人，和你的“理想自我”顶峰相见，这才是“嫉妒心”的正确打开方式。希望你能通过自己的努力实现“理想自我”。

你的解忧老师

青春期行动指南

嫉妒情绪出现时，我该怎么办？

1 "向上比较"和"向下比较"平衡使用。

既需要适当地向上比较来明确前进的目标（比如，我成绩不如A好，向A看齐），又需要适当地向下比较来保护自尊（比如，虽然我成绩不如A好，但是比B好，要对自己有自信）。

2 化嫉妒心为动力。

在日常交往中，可以努力和你"嫉妒"的人成为朋友，向她请教自己不懂的问题，观察她的学习和生活习惯。即使不能像她一样优秀，但也一定可以收获一个更好的自己。

3 将嫉妒的情绪和行为分开。

虽然心里难免会有嫉妒的情绪，但是不妨碍我们做个善良的人。也许你会通过一次帮助她的经历，发现原来她也并非无懈可击，她也是一个需要保护的、有血有肉的人，你其实也拥有帮助别人的强大力量。

总觉得别人在针对我，是我太敏感了吗？

青春期女孩的来信

张昕老师、白鹿老师：

你们好！

我叫乐悠，开学我刚上初一，这段时间连续发生了几件让我很焦虑的事情，不知道是不是我太玻璃心了。

首先是组长发给我的新书有破损，她说书本难免有一些会存在瑕疵，碰巧发给我了。我感觉她的语气有点不耐烦，因此怀疑她故意针对我。爸爸说是我太敏感了，小题大做。

然后是前天在走廊上，隔壁班有个女生从厕所出来，重重地撞了我一下。我被撞疼了，当时就很生气。走廊那么宽，人又不多，她走哪边不好，为什么走到我跟前就突然走歪了？非要来撞我一下？我觉得她是故意的，可是她不承认，说她是无意的。于是我们俩就大吵了一架，还闹到老师那里去了。

还有前几天早读课的时候，我和前后桌的几个同学在说笑，纪律委员一抬头正好就看到了，结果她只记我的名字，说大家在以我为中心谈笑风生。明明是几个人在说话，为什么非要说是以我为中心？

老师，我现在不知道该怎么办了，真的是我太敏感了吗？如果是您的孩子遇到这样的事情，您会怎么办？

忧伤的乐悠

解忧信箱

乐悠：

你好！

收到来信，我十分理解你现在的苦恼。因为在学生时代，周围人的一言一行对我们的影响都是很大的，我们会格外关注身边的同学到底是"喜欢我"还是"讨厌我"。但其实，有时候你觉得别人在针对你，不一定是他们真的在针对你。

在心理学上有一个概念叫作"求证效应"，意思就是你越相信什么，你就越会把所有事情都往那个方面去靠拢，来求证自己的想法。

有一个成语"疑邻盗斧"，就很形象地讲述了这种心理。这个故事是说战国时有个人丢了斧子，他怀疑是邻居家儿子偷的。所以，他看那人走路也像偷斧子的，说话也像偷斧子的，表情眼神没有一个地方不像偷斧子的。后来，他自己找到了斧子，结果再看邻居家儿子，就不像偷斧子的了。很多时候，我们总能找到很多证据来证明自己怀疑的东西是正确的。

当你相信了"别人处处针对我"这个观点后，你就会越发关注那些不愉快的事情，并把这些事情都解释为别人的刁难。

我相信，至少在分发书本的事情上，组长应该不是故意针对你的，因为初一刚刚开学，她可能还没弄清同学们谁是谁，她没有理由针对你，所以这大概率真的只是巧合而已。还有那位撞你的同学——你说走廊很宽，她不应该撞到你——那有没有一种可能性，比如她当时正在想别的事情，没有注意到旁边有人，所以不小心撞到你呢？我觉得也是有这种可能性的，未必是她故意撞你。

但是，当你带着这样的坏情绪去和别人“交涉”时，别人也会产生“求证效应”，越发觉得你“难搞”，说不定真的会对你产生一些偏见（就比如大家都在说话，纪律委员却觉得是你领的头）。这样的偏见，更让你觉得同学们都在“针对”你，导致你和大家的相处就会陷入恶性循环。

所以，我建议你可以先放下“求证效应”，转移一下注意力，不要过度关注一些细节。另外，先做好自己分内的事情，比如好好学习、遵守课堂纪律，也可以主动和其他人沟通，适当和同学们缓和关系，打破他们那边的“求证效应”。

你的解忧老师

青春期行动指南

感觉别人总针对我，我该怎么应对？

1 见怪不怪，其怪自败。

当你觉得其他人在针对你的时候，不妨先转移一下注意力，把精力放在更重要的事情上。当你不再关注这件事的时候，可能这件事自己也就慢慢消失了。

2 积极沟通，良性发展。

人的态度很多时候是相互的，当你带着偏见和坏情绪去和别人相处的时候，对方往往也是能感受到的。如果你们之间已经形成了一些不好的印象，不妨敞开心扉，积极沟通，把话说开了。

3 自我增值，用实力说话。

如果同学真的在针对你，那我的建议是把精力花在增强自己的实力上，而不是和对方“对着干”上。因为不管是在校园里，还是将来走到社会上，我们最终还是要靠实力说话的。先放下“是否被针对”这件事，专心做让自己增值的事，过了一段时间你就会发现，他们的“针对”根本伤害不了你。

为何总有挥之不去的孤独感？

青春期女孩的来信

张昕老师、白鹿老师：

你们好！

我是一名高一的女生，我的名字叫小雪。不知道为什么，我总有一种挥之不去的孤独感。

我害怕一个人上厕所，害怕一个人吃饭，害怕一个人逛街，害怕一个人去图书馆。只要一个人待着，我就会感到莫名的悲伤和失落，所以我总在试图挤入人群中。

这种对孤独的恐惧感让我总想不停地约朋友们一起玩，一起聚会。可每当曲终人散的时候，那种难以名状的失落感和空虚感总会加倍袭来。当朋友散去，我扫掉地上的残渣，一个人躺在床上的时候，那种全宇宙就只剩下我一个人的孤独感甚至会让我哭出来。

其实我的身边也不是没有朋友，可我的朋友并不只有我一个朋友，我总觉得别人都有自己的生活，别人都有更亲密的好友，而我没有。有时身处嘈杂的人群中，我反而会有更强烈的孤独感，仿佛这个世界的喧嚣和热闹都与我没有关系。我这是怎么了？

小雪

解忧信箱

小雪：

你好！

你的心情我非常能理解，我曾经在刚上高中的时候也有过这样的感觉。每当夜深人静时，总有一股孤独感笼罩自己，就算有朋友也好像并不是很亲近，无法真正交心。

直到从事了心理学方面的工作之后我才知道，原来大部分青少年都会有这样的一个阶段。发展心理学理论认为，青春期的孩子热切地希望能够通过同伴关系来建立稳固的自我概念，因此青少年对于建立同伴关系即交朋友是非常渴望并且敏感的。而正是因为对交友等人际关系的需求较高，所以青春期的孩子也就更容易感到孤独。

此外，青少年常常会因为孤独而烦恼，其实还有另一种原因——拒绝敏感。拒绝敏感是指因为被拒绝而产生的过度情绪和行为反应。青少年会对同伴的拒绝更为敏感，更不能接受，更容易产生消极的情绪，有时还会引起误解，从而造成“被孤独”的情况。比如，你的同伴只是因为今天要上课，或者已经事先约了别人，所以无法跟你玩，但你会觉得是因为她有更好的朋友而不愿意跟你玩了。

你身处一群人之中却仍旧感到孤独，这是因为你仅仅避免了“社交隔离”，却无法避免“情感隔离”。虽然在物理上你有人群相伴，但在心灵上，没有人知道你在想什么。

换句话说，你和他们并没有建立深层次的情感交流，所以你们的心灵之间是陌生的。

有时候，摆脱孤独感，并不一定要很多人的陪伴，有时候哪怕只是两三好友，一起看一部电影，或者看一本书，再彼此交流一下打动你们的那些情节、话语，也能引起心灵共鸣。

另外，我觉得你可以试试适当地独处。当然，这并不是要你完全隔绝社交，因为人毕竟是群居动物，谁也离不开人际交往。但我们也可以先冷静下来学会和自己相处，把现在用来感受孤独的时间、精力放在发展个人兴趣上面。等到你一个人独处时也有很多乐趣的时候，再回过头来看待人际关系，你会发现，朋友是锦上添花的存在，而不该是溺水时的救命稻草。拥有朋友但不依赖朋友，这才是一段健康的友情关系，也只有这样才能真正地成长和独立。

你的解忧老师

青春期行动指南

总是感觉很孤单，我要怎么办？

1 拓展自己的社交圈。

可以多发掘自己感兴趣的事情，由此找到和自己志同道合的朋友。但注意，千万不要强行融入某个圈子。要相信，属于你的圈子会自动找到你。

2 不要过度解读他人。

有时候因为太在意，就容易胡思乱想。但其实朋友并不具有排他性，她“和别人交朋友”与“和你交朋友”，这两件事并不冲突。我们不需要过度解读朋友的话或行为，让自己陷入内耗之中。

3 学会适度独处。

古来圣贤皆寂寞，适当的孤独并不是一件坏事。心理学研究发现，适度独处可以提升洞察力、创造力和思维能力，促进个体更好地成长。因此，我们要自己寻找属于一个人的乐趣，学会享受独处时光。

难道做自己就是叛逆吗？

青春期女孩的来信

张昕老师、白鹿老师：

你们好！

我叫思慧，今年上初三了。最近，我和爸爸妈妈因为我穿洛丽塔风格的衣服引发了很大的争吵。我大概是一年前喜欢上洛丽塔风格服饰的，一开始只是在家里穿穿，现在会跟我的朋友们相约一起穿着出去。我感觉一年过去了，路人的目光也从过去的稀奇，更多地变成了欣赏和尊重，我特别享受这种在公共场合自由穿衣的感觉。

但我爸妈却不接受，他们说我有毛病，整天穿着奇装异服，自以为有个性，其实是哗众取宠。还说我们大晚上这样穿会引来流氓，气死我了！

其实还不光是穿衣服这一件事，平时他们就喜欢对我的各种行为啰啰唆唆的。不管是我追星、买小卡、画漫画，还是和朋友们一起出去玩，他们总是要干涉，还说我长大了翅膀硬了，学会叛逆了。

我就不明白了，我只是想按照自己的喜好生活而已，又不是犯了什么错！难道做自己，就是“叛逆”吗？

思慧

解忧信箱

思慧：

你好！

看到你的来信，我很能理解你的憋屈，也能理解你爸爸妈妈的顾虑。爸爸妈妈之所以说你叛逆，是因为他们对于你开始长大、拥有自己的想法的现状还没有适应，而你却急需他们尊重你，将你看作一个拥有自由意志的独立个体。你迫切向他们"宣示主权"，这种"宣示"都是从"做自己"开始的。

一个人从2岁开始，他的"自我意识"就开始萌芽。这个阶段开始学会对家长说"不要"，到青春期开始和家长"对着干"，这一切行为的背后，都和自我觉醒有关。典型表现就是不再遵从家长的指挥，而要按照自己的意志去做（哪怕家长是对的也不听）。这就好像是孩子和家长之间的一场"独立战争"，你们争论的不再是谁对谁错的问题，而是你对自己生活的主导权和控制权的问题。

其实，和家长对着干并不完全是一件坏事。相反，这恰恰说明你开始独立思考了。不完全听家长的话，也并不意味着你不再爱他们或是不孝顺他们了，你可能只是在用你的方式去告诉家长，你已经长大了。而此刻，你们需要的其实是共同成长。

青少年在"叛逆期"出现的与父母吵架、穿父母看不惯的衣服、追星、跟朋友一起做一些父母不能理解的事情等情况，如果没有违背法律道德和公序良俗，没有伤害他人及自身，那么，其实也没必要被当作“毛病”。因为你们在这个“叛逆”的过程中，其实是在进行“我想为自己的生活做主”的一种尝试，是在完成从少年到成年的蜕变，也是自己作为一个独立的个体，从父母的羽翼下逐渐脱离的过程。孩子内心的冲突，在这个对外释放能量的过程中会逐渐得到消解，最后往往也能与父母达成和解。

同时，孩子在青春期时和父母对着干，也是亲子关系的打破、重塑过程。你们在一个看起来冲突十分激烈的过程中，逐步获得了自我，完成了对“父母过度保护”的痛苦剥离。如果没有这个剥离过程，过早关闭了独立探索人生的通道，最终，虽然孩子看起来没有走任何“弯路”，但其实他没能完成真正的蜕变，反而更可能产生自我认同危机，形成畏畏缩缩、缺乏主见的性格，或是讨好型人格等。

老师建议，你可以和父母好好沟通，正确表达自我的同时，也要表示对他们的理解。我相信，他们会渐渐放宽对你的干涉。

你的解忧老师

青春期行动指南

我就想做自己，难道错了吗？

1 不要伤了亲人的心。

青少年有叛逆心理是正常的，但一定要注意语气和用语，切不可出口伤人。就算是亲人，感情伤多了，想要修复也不是一件容易的事，不要因为一时的冲动造成令人后悔的结果。

2 向父母展示自己的独立能力。

你和父母对着干的根源一部分在于他们想干涉你，而他们干涉你的根源在于不确定你能否独立应对未知情况。明白了这一点，我们就知道，吵架赢了其实并不能建立父母对你的信心，向父母证明你的能力才是上策，父母放心了，自然也就不再干涉你了。

3 理性接受父母的正确建议。

父母的唠叨有时候也许烦人，但也未必是错的。我们需要跳出自己的情绪，客观地分析父母的话是否有道理。我们要接受正确的意见和规劝，吸取长者的经验教训。

为什么别人那么漂亮，我却像个丑小鸭？

青春期女孩的来信

张昕老师、白鹿老师：

你们好！

我是一名高一的女生，我叫彦琳。我现在很不喜欢自己的长相，从小我就知道自己不是个漂亮的孩子，皮肤黑，又有点壮，小时候亲戚邻居总喜欢开玩笑叫我“小黑妞”。

现在上初中了，我发现班上有好多漂亮的女同学啊！她们个子高，又白又瘦，站在她们旁边，我真的是自惭形秽。而且，长得漂亮的人容易被偏爱：表演时她们可以站在C位；女同学们都愿意和她们成为好朋友。男生对她们态度也好，好像一到她们面前就自动变成绅士了。但在我面前，男生们就表现得完全不同，还嘲笑我是“坦克”，是“壮士”，说我的胳膊比男人还粗。

我妈妈也经常说我不好看，她说：“你这个长相吧，说好不好，说差不差，要是男孩长这样还没事，但是女孩长这样就难办了。”

我也觉得自己不好看，鼻子不好看，眼睛也不好看，身材还不好，简直一无是处，甚至有一次我躲在被子里哭了一夜。为什么老天爷不能让我长得漂亮一点？我要不要去整个容呢？

难过的彦琳

解忧信箱

彦琳：

你好！

收到来信，我很理解你现在的烦恼。因为我们像你这么大的时候，也曾为自己长得不够好看而烦恼过。

青春期的孩子本来就处于非常关注外表的时期，而这个社会对女性的容貌评价又相对苛刻。很多女孩从小就处于别人对自己容貌的评头论足之中，这样的社会氛围无疑更加剧了女孩的容貌焦虑。

容貌焦虑的心理机制其实是自我客体化（指个体从第三者视角来看待和评价自己的外表），并将自己当作一个基于外表被观看和评价的物品（是一种片面的自我认识）。

很多女孩对自己的容貌各种不满意，明明不胖还要减肥，明明相貌端正还觉得自己鼻子不够挺，下巴不够尖，皮肤不够好，甚至还买可以放大的镜子观察毛孔……因此产生与事实不相符的焦虑、抑郁情绪，有些女孩不惜会用伤害自己的方式"变美"。

从认知心理学的角度来看，这样的容貌焦虑可能会使得个体对自己的容貌产生认知偏差，这样的认知偏差则会加重我们对自己的负面评价，从而更容易认为自己容貌上有缺陷。

当我们明白了这是一种不合理的焦虑时，就可以不必非让自己符合"潮流"的审美标准，而是按照自己的意愿活出精彩的样子。

女孩子当然可以爱美，这个世界上也有很多健康的变美手段，健身、护肤、化妆、穿搭……但是，按照别人的期望去削足适履和按照自己的喜好去提升自己，展现出来的精神面貌是截然不同的。

带着容貌焦虑去修饰容貌，很大程度上并不会让你的焦虑得到缓解。因为在你想方设法掩盖缺点的时候，你内心是痛苦的，表现出来的外在形体是局促的，这并不会让你感到自己变美了。但当你在洒脱的心态下装扮自己时，你内心感受到的是愉悦，表现出来的是自信和向上，整个人都是松弛的、充满能量的。

反对容貌焦虑，不是让所有人都以“丑”为荣，也不是让人失去对美丑的判断，更不是逼着别人承认自己容貌上等；而是我知道我自己不完美，但我仍然喜欢自己，欣赏自己，全然地接纳自己。

你的解忧老师

青春期行动指南

别人说我是丑小鸭，我该怎么面对？

1 要学会转移攻击。

当有人攻击你的外表时，千万不要陷入“自证陷阱”，不要将话题集中在自己是美是丑这件事上，因为不管结论如何，都显得你难以承受他人对你外貌的评价。我们要将话题转移到对方身上，比如:“每个人都是独一无二的。你打压女同学，是因为自卑，想借此来获得满足感吗？”

2 接纳和喜欢自己的特点。

如果我的长相不符合当下的大众审美，不要自怨自艾地想“为什么我不够白，不够瘦，不够有少女感”，而是要不断告诉自己和周围的人:“健壮丰腴的身体是一切美好的基础”，“自信的长相真的太有魅力了”。

3 不必过分关注外表。

这个世界上有趣的、值得关注的事情太多了。一个人的吸引力也不仅仅来自外表。当我们探索世界的无限广阔时，眼光就不会局限于自己外表的细节；当我们因为视野开阔而更加自信时，自然也会随之变得更有吸引力。

正视内心的潮汐，与自己从容共处。

第三章
异性交往
我很喜欢你

被隔壁班男生塞情书，我要不要回信？

青春期女孩的来信

张昕老师、白鹿老师：

你们好！

我叫菲菲，今年上初三了。最近我遇到一件让我很烦恼的事情，也不知道该问谁。

事情的起因是我隔壁班的男生，在今天课间操的时候，突然往我手里塞了一封信，然后就跑开了。我打开信一看，里面写了对我的喜欢，说我成绩好，感觉我心地善良，长得漂亮，字写得也漂亮，是他心目中最完美的样子，并且表明希望和我交往，让我给他一个了解彼此的机会。

这样一来我就明白了，为什么我每次经过他们班门口时总有几个男生起哄。说实话，看了这封信的内容，我心里还挺开心的——有人觉得我这样好，让我很感动。

但我不知道该不该回复他，我也说不清对他是什么感觉，说实话，以前我并没有注意过他。但如果不回他，我觉得这样做是不是又太绝情了，会不会伤害了他的感情？如果回复的话，我又该回些什么呢？希望老师能给我解答。

菲菲

解忧信箱

菲菲：

你好！

青春期的少男少女，春心萌动，被表白是一件很正常的事情。当一个人被表白后，很可能会开始喜欢上对方，这是因为人类的心理存在一种“互惠效应”。这指的是，当一个人对另一个人有好感时，另一个人也可能会因为这种好感而开始对对方产生好感。

但是，从你收到情书时的茫然，以及看到示爱时的手足无措，我觉得你对他产生的另类情感，应该只是被一时的感动扰乱了心绪所导致的。

确实，被人喜欢是一件令人开心的事，但同时也可能给我们带来烦恼。因为我们一方面容易将开心感动的情绪与喜欢和爱的感情混淆，一时冲动接受爱意，却未必是遵从自己的内心；另一方面，就算我们能明确知道自己不喜欢对方，却又总是害怕直接回绝会伤害对方的一片痴心，进而导致关系破裂，因此左右为难，造成个人内在认知的冲突。

其实这种时刻，礼貌而坚定地拒绝，才是比较妥当的处理方式。我们首先要尊重的就是自己的感受和体验，要明白自己有权不喜欢，有权表达真实的感受，要清楚拒绝并不等于伤害。

相反，摇摆不定、犹豫不决的态度，有时候会让对方误以为有交往的机会，结果到头来期望落空，反而会对他造成伤害。

你可以选择回信，也可以选择当面讲清楚。先感谢他对你的喜欢和欣赏，但你对他只是普通同学的感觉。对他被拒后的失落情绪表达出一定的理解和共情，不要贬低、嘲弄他，也不要让他难堪。

但最重要的是，一定要向他明确地传递“拒绝”的信息，不要暧昧不清地给他留下想象空间，不要前脚拒绝后脚又约他出去，不要接受他的礼物馈赠和行为付出，更不要和他有肢体接触。

在顾及他面子和感受的同时，也要让他尊重你的选择和感受。如果你做到了礼貌而坚定的拒绝，就不要再落入“被道德绑架”的心理陷阱中，觉得你“拒绝他”就等于“对不起他”——并不存在这样的等量代换。

另外，如果是当面拒绝的话，最好有其他人在不远处陪同，不要单独和他去无人且偏僻的场所。因为不是所有人都能成熟应对拒绝，我们要做好准备，不给对方做出不理智举动的机会。

你的解忧老师

青春期行动指南

被表白时，我该怎么办？

1 遵从自己的内心。

明确自己的感受，是做出正确回应的前提。不要因为一时感动就勉强自己去迎合对方的喜欢和爱慕，强扭的瓜不甜，一时的迎合可能会迎来最终的不欢而散。

2 礼貌而坚定地拒绝。

感谢他的欣赏，理解他的不悦。但拒绝一定要坚定，不要留下暧昧、想象的空间，更不要仗着对方的喜欢而占小便宜，以免使对方因爱生恨。

3 关注并警觉对方的反应。

虽然无法回应这种情感，但也并不代表两人就是“仇人”，大家仍然可以是同学、朋友。但并非所有人都能成熟地应对拒绝，因此我们要警惕对方是否产生愤怒、攻击的情绪。如果对方纠缠不休，一定要立刻告诉老师和家长，我们不能纵容任何人打着“喜欢”的旗号行骚扰之事。

被男孩约出门怎么办？

青春期女孩的来信

张昕老师、白鹿老师：

你们好！

我叫小艾，是一名高一的学生，我所在的高中是一所还不错的学校。我有个学长，比我大三岁，目前在一所211大学就读。他是我表哥的同学，我们是在表哥的生日聚会上认识的。

前段时间，他总约我去看电影，这周末又约我去散步、吃饭。他经常和我讨论电影、文学，有时还辅导我的作业。我觉得他很博学，其他朋友对他的评价都很好，而且他以前的高中老师们也很喜欢他。但由于他约了我好几次，现在就有同学问我们是不是在谈恋爱。

现阶段我肯定是不会谈恋爱的，要以学业为重。但我也有点迷茫，我欣赏他的聪明才智，有时甚至也挺期待和他见面聊天。可如果想到我们要恋爱，我又觉得很别扭。

这位学长目前也没有对我做过什么不恰当的举动，也没说过什么出格的话。现在他又来约我，我不知道该怎么应对。

我该拒绝他的邀请吗？如果不拒绝，我接下来该怎么做呢？如果拒绝他，我怕他受到伤害；如果接受他，我又觉得很别扭。我很苦恼。我对他产生的感情到底是什么？

小艾

解忧信箱

小艾：

你好！

看完你的来信，我发现你向我描述了男孩的几个信息——还不错的高中、211大学、博学、对你有帮助、在老师同学中口碑好、没有在言语或行为上骚扰你。

通过这几个信息你想告诉我（可能也是想告诉自己）：他是一个看起来挺好的人。你这是在为他说话，不想让别人主观地把他误会为“渣男”，而且你担心拒绝他的邀请，是不是自己过度反应了。

他实际上是什么样的人我并不了解，由于他目前也没说什么超越友情的话，所以我也不能预测他的目的——比如他是想要和你成为男女朋友，还是仅仅想要以文会友？

你是个能够换位思考，又很善良的孩子。但在考虑别人感受的同时，我们得明白更重要的一点：要尊重自己的感受。

你只需要明确：你是否和他来往，跟他是否优秀没有关系，跟别人眼中的他也没有关系，只和你自己的感受有关系。

别人对他评价再高，他的言行举止再绅士，都不能左右你的感受。你现在感到别扭、不舒服、困扰，是因为你不想谈恋爱，不想影响学习，那么你就可以拒绝他的邀请，和他保持距离。

你问我，你对他产生的感情是什么？我觉得不是爱情，至少现在不是。因为**青春期的少男少女，常常会把欣赏、感激，甚至是孤独时的一点悸动当作爱情**。比如现在你学习压力很大、学习生活很辛苦，这时有一个学长，为你揭开大学生活的新奇面貌，他聪明又健谈，还能辅导你学习……你对他产生欣赏、佩服甚至依赖、期待的心理，这都是非常正常的，并不能说明这种感情就是爱情。因为人的身体和直觉不会欺骗自己——你想到和他谈恋爱就觉得别扭，这就是一个有力的证明。

但我觉得，这也许是关于爱情和友情的一次尝试，或者说，这是少男少女对于人际关系的一种探索。心理学家埃里克森就指出过，**从青春期开始到青年期这个阶段，人们的一个重要任务就是发展亲密关系。而跨性别友谊的建立，就是一种对亲密关系的试探和渴求，是在为将来进入亲密关系做准备**。

因此，你完全不必为此感到苦恼，这是我们大多数人成长历程中都会经历的一个阶段。只要你明确自己的感觉，坚定自己的步伐就好。

你的解忧老师

青春期行动指南

男孩约我出门，我该不该去呢？

1 不要将异性之间的友谊和爱情混淆。

不是所有的异性之间的友谊都一定会发展为男女朋友关系。来信的小艾，她其实并没有对这位学长心动，她需要的是如何与异性交往的方法。

2 正确看待异性间友谊的积极作用。

我们不必谈到异性间的交往就如临大敌，异性之间的友谊也有其积极性。比如，年轻人可以从中体验多元化的朋友关系，学会和异性相处，等等。

3 不必对自己怀有过强的羞耻感。

与异性朋友接触，探索与异性的关系，是大部分人在青春期都会经历的成长过程，这并不是早恋。孩子们也不必感到羞耻和恐慌，有苦恼时可以向信任的人倾诉。

4 一定要保护好自己。

与异性正常交友当然没问题，但一定要注意安全，尤其不要答应和男生在私密无人的空间相处。

只要学习好，早恋也没关系吧？

青春期女孩的来信

张昕老师、白鹿老师：

你们好！

我叫若秋，是一名高二的女生。最近我恋爱了，和我们班的宇浩。他是班长，我是学习委员。不谦虚地说，我们俩不仅学习成绩好，颜值也高，可以说是年级里的“风云人物”，周围很多同学都很羡慕我们，说我们是年级最佳搭档。

关键是，我们俩的恋爱丝毫没有影响学习成绩。我们两个人擅长的科目非常互补，他帮我补数学，我帮他补语文，周末我们俩一起背历史、背英语，他没事的时候还会出物理题给我做。期末考试的时候，我们俩的成绩双双都提高了。

老师和父母，整天都在说不能早恋，说来说去还不就是怕影响学习成绩，耽误考大学吗？我和宇浩现在已经约好了，我们要以清华和北大为各自的目标，争取一起考上。这样父母和老师也没法儿说什么了吧？我们之间是真爱，只要学习好，早恋也没关系吧？

若秋

解忧信箱

若秋：

你好！

年少时的爱情其实是一件非常美好的事情啊。随着青春期的到来，我们的器官开始发育，性心理也逐渐成熟。自然而然，少男少女的心就怦然而动了。十几岁时的爱情萌芽几乎是一件必然到来的事情，是不以老师和家长的主观意志为转移的。

追求自由的爱情是没有错的，但家长和老师的担心也可以理解。他们想要阻止的不是你们之间的爱，而是想防范这种悸动可能带来的负面影响。影响学习，可能只是家长担心的其中一个方面。

爱情心理学的研究发现，影响两个人是否进入一段亲密的爱情关系的主要因素有三个：刺激（性吸引力，也就是“看脸”），价值观（“三观”是否合拍），以及角色（各自承担的角色和未来的分工）。

和青春期有关的爱情因素，可能更多就是“刺激”以及“价值观”。这或许正是家长们不看好“早恋”的原因。因为“刺激”会导致审美疲劳，“价值观”在成长的过程中会改变，而“角色”这个因素，一般要在成年人的恋爱关系中才能体现，在青春期根本看不出来。所以，很多青春期的“早恋”往往“开花不结果”。

另外，除了担心“没有结果”和“影响学习”，我想老师和家长还会有以下这些担忧：

一、因为年少冲动，不能正确处理爱情中出现的冲突，容易做出不理智的行为（比如抽烟、喝酒、打架、自残等）。

二、因为心情被对方的一举一动牵动着，起起伏伏，时好时坏，可能会影响身心健康。

三、因为偷尝禁果，导致出现妇科疾病、意外怀孕、堕胎等恶劣后果。而这些恶果，通常是需要女性单方面承担的。

“早恋”本身并不可怕，它可以让年轻人体验多元化的人际关系，学会从异性视角去看待问题，为将来发展和进入亲密关系做好准备。有些家长甚至都不允许大学阶段的孩子谈恋爱，但孩子大学一毕业却被要求赶紧相亲结婚，这是不科学且不现实的。

真正可怕的是由于处理不好早恋中的各种问题，而导致上述的种种不良后果。情感很难被控制，但行为可以。青少年正处于学习的关键时期，应当把更多的精力和时间放在学习上，全力以赴追逐梦想。爱人先爱己，先丰富自己的内在，提升自己。这是对自己、对家人，也是对对方负责。我想，堵不如疏。如果能正确看待这种两性之间的真心倾慕，其实可以使它成为青少年自我发展和人格发展上的一个重要动力，比如两个人相约一起考上好大学，这就是一个很好的动力呢。

你的解忧老师

青春期行动指南

我好像早恋了，我该怎么处理？

① 和家长好好沟通。

及时与家长和老师沟通，让家长和老师明白，你们会把握好分寸，不会做出一些不理智的行为。更要用实际行动向他们证明，你们有自控能力，会努力奋斗，不会影响学习和生活。

② 自尊自爱，保护好自己。

不要因为对方的甜言蜜语或软磨硬泡，就勉强自己，同意与对方发生性关系。因为一旦导致意外怀孕或染上妇科疾病，会对女性造成巨大的身心伤害。千万不要因为一时被爱情冲昏头脑，给自己造成无尽的伤痛。

③ 将对爱情的向往化作前进的动力。

真挚的爱情是美好的，并非洪水猛兽。我们可以将对爱情的向往化作前进的动力，不断地完善和提升自己。

我喜欢上邻居大哥哥了，怎么办？

青春期女孩的来信

张昕老师、白鹿老师：

你们好！

我叫小林，是一名高一的女生。我最近感情上遇到了一些困惑，需要您的指导。我家和楼上邻居家关系一直挺好的，这个暑假我们两家人一起去了北京旅游，我觉得我好像喜欢上邻居家的哥哥了。

他是医生，身材很好，长相很帅气，声音也洪亮有力。这次旅行，一路上他都在帮我们搬行李，我感觉我对他产生了好感。吃饭的时候我们距离很近，我就偷偷观察他，我发现他眼睛很好看，睫毛又长又浓密。他挽起袖子的时候，手腕骨节分明，青筋凸起。不知道为什么，我觉得他简直男人味爆棚。

一路上我发现，他做事的时候严肃认真，被大家开玩笑时，他会很害羞，这种“反差萌”让我觉得他很可爱。旅行途中的太阳很大，可阳光打在邻居哥哥身上，就好像“天神下凡”似的。

旅行结束后，我就喜欢上了他，也想跟他表白。这就是爱一个人的感觉吗？我该表白吗？还是把这种情愫藏在心底？

小林

解忧信箱

小林：

你好！

首先，你现在的感觉很正常。像警察、老师、医生，在许多青少年眼中都是权威的象征。从发展心理学的角度来讲，青春期少年正经历着权威关系的变化——由过去视父母为权威，变成了视老师、警察等日常接触到的有过人之处的人为权威。而当这个权威形象又是一个青春正茂、充满个人魅力的异性时，青春期的孩子们很容易为之心动。

你正处于情窦初开的年纪，再加上对医生职业的滤镜（因为医生承担着救死扶伤的责任，在人们印象中往往象征着神圣），会对他们产生爱慕很正常，你大可不必因此自责或羞愧。

但同时，"爱"是一种非常复杂的情感，对于现在的你来说，还不一定能够正确区分它跟其他的一些情绪（例如崇拜、性冲动）和体验（例如对短时记忆的美化）的区别。有一种现象叫作"夏令营效应"，和长途旅行的情况其实很像，是指人们在某种短暂却朝夕相处的深度接触中，体验到的亲密连接。就如同夏令营中结交的朋友，虽然时间短暂却感情深厚，这种感情甚至在分别后也让人难以忘怀。

从社会心理学的角度来说，"夏令营效应"是指人们会在特定情境下产生一种浪漫情感。我们会把那些短暂、偶然、在日常无聊生活之外的经历，通过自己的想象进行美化，成为一种情怀，引发漫长的怀念，并将其定义为爱，但它可能并不是真正的爱，它只是一种青春的悸动。

说不定再过一段时间，等你冷静下来，再回想那位邻居哥哥，就明白对他的真实感觉了，到时再决定该不该告白。

假设你告白了，老师想的是，如果你幸运地遇到一个好男人，那么他会拒绝你，他知道一个正常的成年人不该利用心智上的优势去和未成年人发生什么。但如果你不幸遇上了一个不负责任的男人，他可能会利用你的悸动而窃取你的青春，那结果可能是现在的你不能承受的。

所以，我建议你更多地关注自己的学习，当你实在忍不住的时候，先找信任的朋友或者长辈聊聊，这样不仅能让自己心里舒服点，还能得到一些帮助。

你的解忧老师

青春期行动指南

我该不该继续喜欢邻居大哥哥？

① 要明白成年人和未成年人之间拥有的权力并不相同。

成年人占据心理、阅历、年龄等各方面的优势，在和未成年人的交际中一开始就会占据上风。如果对方利用未成年人的崇拜和依赖心理与未成年人发生关系，甚至导致怀孕、堕胎等后果，这是未成年人无法承受的。

② 学会转移注意力。

可以多和同龄朋友交往，将更多的精力投入学习和爱好中。你不顾一切地奔赴他，可能只是一时的冲动，不妨等热情冷却，那时候更能做出理智的选择。你对他的感情是什么，时间会告诉你真相。

③ 找其他信任的人倾诉。

如果实在难以自控，可以考虑向信任的朋友倾诉，谈谈自己的感受和想法，说出来会让自己好受很多，也会得到更多的建议和帮助。

暗恋对象让我很纠结也很受伤，怎么办？

青春期女孩的来信

张昕老师、白鹿老师：

你们好！

我叫程程，正在读高一。最近我遇到了一件令我很烦恼、很伤心的事情，不知该对谁诉说。

我们隔壁班有个男生叫阿杰，长得很高，也很帅气，是他们班篮球队的主力队员。我每天都会拉着两个好友一起分析：他早操时是不是多看了我一眼，他跟我说的话是不是在暗示什么……我的两个朋友也说我跟他之间的互动确实很多，搞得我内心小鹿乱撞。

昨天，我们两个班级打篮球比赛，阿杰他们班输了。看他一个人坐在操场边上难过，我想过去安慰他，结果不知道自己哪根筋搭错了，明明是心疼他，却又害羞嘴硬，话一出口变成："你们班不行啊……"他头都没抬，不耐烦地说了句："滚！"

我又羞愧又丢脸，回到班上就哭了。是我自作多情了，他又高又帅，而我又瘦又矮，我怎么配喜欢他呢？我又怎么敢认为他有可能喜欢我呢？这样的暗恋，让我每天都陷入纠结，而他冷酷不屑的态度又让我很受伤，我到底该怎么办呢？

程程

解忧信箱

程程：

你好！

高中时期的少男少女，正处于情窦初开的年纪，会对异性产生好感，被对方的外貌、性格和能力等深深吸引，这实在是再正常不过的事情了。

不过，在这样的暗恋中，我们往往会产生一种错觉：他好像也喜欢我。这种错觉并非特例，在心理学上可以用“投射效应”来解释，即一种以己度人的心态。简单来说，就是人们常常将自己的特点、情感、意愿等投射到他人身上，认为他人与自己具有相同的特征或想法，并以此为依据来揣测、评判对方的一种心理现象。

因为你喜欢他，就会关注他，你把自己对他的喜欢和期待都投射到了他的身上，于是他的一举一动你都可以解读出爱的迹象。因为你对他的言行别有深意，所以你觉得他所有的言行也是如此。

这是一种认知偏差的表现，他的一言一行在你这里都被无限放大了。如果是一个无关的路人看了你一眼，你可能根本不会注意到。但是你喜欢的人看了你一眼，你就感受到了回应，感受到了关注，感受到了重视，这便是你对这个眼神的过度解读。

而当你发现他可能没有像你期待中那样关注你时，

你会感受到巨大的落差，并因此产生羞耻感，这都是很正常的情绪，不必过分难过。我们要学会接受一个事实：我喜欢的人，并没有义务必须喜欢我，他也有权利不喜欢我。

而且，喜欢一个人时会自然生出自卑心来，这也是人之常情，所以我们实在不必妄自菲薄。没有必要因为对方多看自己一眼就脑补一出大戏，更没必要因为对方生气时的一句气话就全盘否定自己的价值。当然，患得患失其实也是爱情中的常态，我们不会苛责你。但如果因此而焦虑纠结，影响到正常的学习和生活，那可就得不偿失了。

另外，老师还有一点需要跟你强调，虽然你对他说的那句“你们班不行”不是有心的，但他并不知道你的心路历程。他正在因为输掉比赛而郁闷，突然听到你说这么一句话，会觉得你是在嘲笑、在冒犯他，所以生气也是情理之中。因此，在老师看来，你最好找个机会向他解释并道歉。记住，道歉一定要真诚，就算他不喜欢你，但最起码不能让他反感你、误解你。也许，这是一个重新认识彼此的好机会呢。

你的解忧老师

青春期行动指南

我被暗恋对象伤了，好难过，我要怎么走出来？

1 不必过度解读对方的言行。

要牢记，你喜欢他，其实与他无关。没有必要因为他的一个眼神就喜不自胜，或是因为他的语气悲从中来，情绪完全被他牵动着。不要过度解读他的一举一动，更不要觉得他拒绝你就是伤害你。

2 不要妄自菲薄。

爱意的表达如果被拒绝了，千万不可恼羞成怒地去纠缠或诋毁对方，也不必妄自菲薄、看轻自己。某一个人不喜欢你，并不代表你没有价值和魅力。

3 与其自艾自怜，不如提升自己。

当你暗恋一个人，却总是纠结自己是否“配得上”他时，不如把纠结内耗的时间用来充实自己。人都是慕强的，你自己变得强大，变得优秀，那么优秀的人也自然会被你吸引，会向你靠近。

表白被拒绝，我感觉世界都要崩塌了

青春期女孩的来信

张昕老师、白鹿老师：

你们好！

我叫晓芸，今年上高二。我最近表白被拒绝了，感觉自己的世界都要崩塌了。我喜欢的男生坐在我后面，他阳光、白净、谦逊有礼，长相也刚好符合我的审美。我们俩关系算是比较好的，有不懂的题目会相互讨论，值日的时候他会帮我干体力活，有时候上晚自习来不及去食堂吃饭，我们会轮流帮对方带饭。

不知道从什么时候起，我就在心里默默地喜欢上他了。那天晚上放学，我终于决定要对他表白。我拿出准备了很久的礼物，是我亲手织的围巾。表白的时候，我的心仿佛跳到了嗓子眼，我对他说："其实，我喜欢你很久了。"他表情有点错愕，对我说："我对你就是好兄弟的感觉，没有男女之间的想法。围巾你留着，以后送给更值得的人吧。"

一瞬间，我觉得天都塌了，我好不容易鼓足了勇气对他表白，没想到勇敢一次却换来了无情的拒绝！我好朋友也跟我说，女孩子主动了就不值钱了，自己送上门的太掉价了。丢死人了，我感觉我这辈子都不会再爱了！

晓芸

解忧信箱

晓芸：

你好！

单相思，在我们的青春记忆里是一种甜蜜又苦涩的感觉。有的人会选择把这份爱恋默默藏在心底，有的人则会勇敢表白。老师想对你说：其实表白被拒绝，没什么大不了的，关键是能不能处理好表白被拒之后的一系列情绪。

我们要允许自己伤心、失落，可以一个人缓解情绪，也可以找身边亲密的人倾诉，去进行一些解压活动（例如唱歌、运动，散心）。我们也可以把注意力重新集中到学习上，化悲伤为动力，说不定成绩还能提高呢。

不要因为表白被拒就去纠缠、诋毁对方，更万万不可因此否定自己、责怪自己、怀疑自己的价值。

这只是一次对爱情的失败尝试而已，并不代表什么，可以当作积累经验、锻炼勇气的机会，没有必要自暴自弃。你会因为一次考试失败就仰天长叹"我再也不学习了"吗？你会因为一次不好的出行体验就决定"我再也不要出门旅行了"吗？我相信你不会，大家肯定都不会。那么，爱情也是同理。

不过你现在还小，生活重心应该放在学习上。爱情中的患得患失很容易分散精力、影响情绪，还可能会使成绩下降。反倒是如果我们把学习抓上去，将来成为更优秀的人，还能吸引更多更好的人来到自己身边。"你若盛开，清风自来。"

另外，老师认为你好朋友的那番话失之偏颇，为什么女孩主动就意味着“不值钱”“掉价”？这几个用词，都是“物化”女性的词汇。我们是人，不是商品，何来的价钱？又何来的“不值钱”和“掉价”？

现在和你谈论追求异性也许为时过早，但教一个女孩拥有主体意识，永远都不嫌早。爱情关系中每个人都拥有主动权和选择权，你可以主动追求他，他也可以不接受你的追求。

我们常说的自尊自爱，是要女孩学会自我保护，不在爱情中失去自我，不向男性献媚，但绝不是说女孩不能主动选择爱情。你朋友的话，是将女性放在一个“被选择”的位置：你不能主动追求心仪的对象，而是要保留你作为商品的“价值”特性，被动地等待男性来选择你。

这就是语言中暗含的心理权力：当女性用“值钱”这样的字眼来衡量自己时，就陷入客体向主体自证价值的心态中了。

实际上，女性的价值不是这样定义的。既然男性的自身价值可以通过个人奋斗、努力、自省来不断提升，那么女性也一样。女性不该将自我价值寄托在男性的“喜欢”之下，而是要自强自立，自己赋予自己向上的品质。要坚定地认为，即使这个人不喜欢我也没关系，没有什么比喜欢自己更重要，找到真正的自我，才是生命最大的意义。

你的解忧老师

青春期行动指南

我表白失败了，怎样才能走出来？

① 及时疏导情绪。

求助身边信任的人或咨询师，将内心的痛苦表达出来。不要去纠缠对方，也不要因此否定自己的价值，更不能自暴自弃。可将精力转移到兴趣爱好、学习、交友上，以此来舒缓情绪。

② 从失败中学会成长。

可以将“失败”看作一次挫折教育，一次经验的积累。一时“失败”并不等于一直“不成功”，学会积极调整、提升自我。东方不亮西方亮，未来你会收获令自己满意的学业、事业和爱情。

③ 将重心放在学习上。

说实话，学生的主要精力还是应该放在学习上。努力成为优秀的人，将来自然会有同样优秀的人与你成为朋友、伴侣。若是因为早恋分散精力、影响学习，那就得不偿失了。

天哪，我为什么会做和男生在一起的梦？

青春期女孩的来信

张昕老师、白鹿老师：

你们好！

我叫星星，今年上初三了。我有一个难以启齿的秘密，就把这里当作树洞好了。我们班上的女同学有时会追一些古偶仙侠剧，然后还在班上讨论里面他们喜欢的男性角色。当然，我也有自己喜欢的角色。

但就在前几天，我居然梦见了我喜欢的那个他和我在一起……初夏的校园，绿树成荫，空气中弥漫着淡淡的花香，我们漫步在林荫下，步伐同频，身体时而相互靠近，时而轻轻碰触。微风吹过，我们眼神交汇，感受到他温暖的呼吸，我好像飞上了云端，眩晕又幸福……

醒来之后我脸红心跳，久久不能回神，甚至还想再回到梦里去。但与此同时，我又感到深深的羞耻，我在现实生活中从来没有和男生有过肢体接触，更别说那样亲密了。在爸妈面前，我是个纯真的乖乖女，我怎么会梦到和男生在一起呢！

现在，我都不好意思和班上的男同学说话了，而且听到别的同学谈论那部古偶仙侠剧，我也会感觉很羞耻。我害怕如果别人知道我做这种梦，会嘲笑我啊……

星星

解忧信箱

星星：

你好！

青春期的孩子产生性幻想或者做性梦，其实是很正常的事情。食欲、性欲、求生欲，是人的三大本能属性，是受“个体生存”和“族群延续”的进化心理驱使的。这是一种正常现象，我们不可能和自己的本能去对抗！

少男少女进入青春期后，与异性亲密接触的渴求大幅增加，开始关注异性，想要博得异性好感，喜欢给同学传绯闻、“组CP”，其实都是源自这个阶段对两性关系的好奇。

在青春期，青少年的性器官开始发育，体内大量分泌性激素，也逐渐萌生出性欲，会对性方面的知识有好奇心，想要看有关爱情和性爱描写的文学作品、影视作品，并由此产生对性的联想，这都是非常符合青春期的生理和心理特点的。

弗洛伊德认为，梦境是潜意识中被压抑的欲望和冲突在无意识中的表现。青少年往往因为年龄还小，虽然产生了性的需求，但并不能得到满足。于是，无法言说又无处释放的欲望，只能在梦境中得以宣泄。

可能由于父母还没意识到我们正在悄悄地长大，还把我们当作小孩子，所以没有及时给予适当的性教育。这种回避或忽略的态度，让孩子无法正视自己的性需求。就像你现在这样，将被压抑了的性心理活动投射到了梦境里。其实这是肌体调节自身性需求的心理防御机制在起作用，是完全正常的生理和心理现象。

很多青少年在出现性幻想和做了性梦之后会有强烈的自责感和羞耻感，其实这是不必要的。性梦不会影响身心健康，性幻想也没有必要克制，除非你的性幻想中包含犯罪倾向，并且有付诸实施的冲动，那就需要求助专业的心理咨询师了。

相反，如果不能正确认识和对待自己的性心理活动，从而引起焦虑、自责、压力、恐慌，倒是更有可能导致精神衰弱、睡眠质量差、注意力分散等情况，进而影响身体健康，影响生活和学习的质量。

而且，你依然可以和异性正常交往，和其他同学继续大方地谈论角色或剧情，若你突然间举止态度扭捏反常，反而会让人觉得奇怪呢。

你的解忧老师

青春期行动指南

我梦见和男孩子拥抱亲吻，这该怎么办啊？

1 正确对待自己的欲望。

《礼记》里说："饮食男女，人之大欲存焉。"意思就是说，食欲和性欲是人类最基本的欲望。进入青春期，我们的生殖系统快速发育，性激素开始分泌，所以会出现性欲和性幻想，这是正常现象，无须自责。

2 选择健康的生活方式。

如果感觉自己过度沉迷幻想，建议转移注意力，比如可以和朋友多出去进行户外运动。适当观看有关爱情的小说或电影当然没问题，但应避免接触带有色情刺激的图文或影音。

3 以平常心对待异性接触。

你梦里梦到谁，别人是不会知道的。不要因为做了性梦，就羞于和男同学说话，你依然可以和异性如常交往，建立友好、自然的交流。

美好的异性友谊，能支持
彼此更好地追逐未来。

第四章
同伴压力

怎样才能让同学们喜欢我？

青春期女孩的来信

张昕老师、白鹿老师：

你们好！

我叫蕾蕾，今年上初二。我想问问老师，怎样才能让同学们都喜欢我呢？以前我觉得自己长得挺可爱的，性格活泼，是大家的开心果，成绩也还不错，我以为应该会有很多人喜欢我才对。

这学期老师组织班委改选，让同学们进行不记名投票选举。班长、学习委员我没选上也就罢了，没想到最后我连个科代表、小组长都没选上。

我悄悄问了几个同学对我的印象如何，有的说我是个搞笑女，有的说对我没什么特别的印象，有的说觉得我有点傻。

我不禁陷入了自我怀疑，难道是我哪里做得不够好，无意中得罪了别人，但我自己不知道？还是我不够温柔，不够漂亮，不够有性格魅力，所以没给别人留下好印象？我突然间发现好像别人看到的都是我的缺点，我觉得同学们都不喜欢我，我好失落，好想哭啊！

蕾蕾

解忧信箱

蕾蕾：

你好！

你的这个心理困扰，在青春期是非常常见的。因为这时的我们不仅会对自己高度关注，而且非常关心别人如何看待自己——这是青春期“自我中心化”的一个典型特征。

需要注意的是，发展心理学上所说的青少年“自我中心化”，与利己主义中所说的“自私自利”是完全不同的。“自我中心化”是指由于自我意识高涨，青少年往往会以为自己在一个情境中是被关注的焦点，会认为其他人和自己一样对自己感兴趣。

你有很多优点，认为自己应该获得同学们积极的关注，但通过班委选举，你发现自己并非大家关注的焦点，甚至有的同学对你没有什么特别的印象，因此你会感受到巨大的心理落差。

而且，因为觉得自己是被关注的焦点，所以青少年也会格外在意别人对自己的评价。比如，如果你拥有某个优点，就会觉得别人一定会喜欢自己；如果你某件事没做好，就会觉得别人一定会注意到，并且会讨厌自己。

这其实是由于青少年正处于自我概念尚不稳定的时期，因此非常依赖于通过他人的评价（尤其是好的评价）来获得自我认知和自尊的提升。这种时候，任何与“自我认知”

不同的声音都有可能变成青春期的一种挫折和认知危机。比如，你认为自己性格活泼，是个开心果，结果有同学却评价你"搞笑女""有点傻"，甚至对你没印象。因此，你的内心会产生怀疑，认为别人都不喜欢你。

但其实"没有人喜欢我"是你的一个错觉，事实可能是：有人喜欢你，有人不喜欢你，有人对你没有任何感觉。

想要让别人都喜欢自己，是青春期的主要烦恼之一。因为取悦所有人很难，哪怕是最受欢迎的校园风云人物，也一定有人不喜欢他们。

事实上，就算你把所有事情都做得面面俱到、滴水不漏、尽善尽美，还是有人会讨厌你、否定你。但就算你不完美，某一方面做得还不够好，也一定会有人接纳你、包容你、支持你、喜欢你。

所以我们的建议是，先不去想如何取得别人的欢心，而是先让自己成为一个你自己喜欢的人，深耕自己的优势。当你的优势越发明显，心态越发自信，生活状态越发积极向上，自然会吸引更多的人喜欢你。

你的解忧老师

青春期行动指南

同学们都不喜欢我，我要怎么办？

① 无须刻意取悦他人。

如果你想要让所有人都喜欢你，那么必然会为了迎合他人而让渡自己的底线。长此以往，反而会让别人觉得你可以被轻易拿捏。这样可能会换来一时好人缘的“虚假繁荣”，但实际并不会让别人真心喜欢你。

② 在相处中以诚待人，尊重他人。

俗话说：路遥知马力，日久见人心。能轻易获得大众关注的毕竟只是少数人，大部分普通人都是在长期相处中了解彼此的。如果你内心强大、情绪稳定、办事靠谱、待人真诚，与人交往时让人如沐春风，相信你一定会收获很好的人缘。

③ 先让自己成为自己喜欢的人。

先不去想如何取得别人的欢心，而是发掘自身优势，并坚持深耕于此。你越来越优秀，状态越发向上，自然会吸引到更多人喜欢你。

“闺密”背叛我了，要和她绝交吗？

青春期女孩的来信

张昕老师、白鹿老师：

你们好！

我叫心语，今年上高一了。我现在给您写这封信的时候手都在发抖，眼泪也止不住地流。因为我自以为最好的闺密，背叛了我。

我和婷婷刚上高中就成了好朋友，她很会照顾人。我没吃早饭，她会跑去给我买早饭；我衣服脏了，她会帮我用湿巾擦干净……我以为她会是我除了家人之外最亲的人。

可是昨天，我无意间看见了她还没来得及退出的微信聊天界面，她在群里直接和别的女生称呼我为“傻子”，说我给她买的礼物是地摊货，找个机会转送给别人得了。

那个礼物是我在专柜上买的，不是地摊货，而且是我用攒了好久的零花钱买的，几百块钱对于我来说并不是一个小数目。我感觉我的一片真心被扔在地上踩得稀碎。关键是，她还把我告诉她的一些秘密、隐私，全讲给了别人，这是我不能容忍的。我在想，我要和她绝交吗？我又该怎么和她绝交呢？

心语

解忧信箱

心语：

你好！

老师很理解你被背叛时的愤怒和伤心，我也经历过这样的时刻，那种世界观瓦解带来的痛苦、难以置信，是需要很长时间来治愈的。

友情、爱情和亲情，是人类亲密关系的三大重要类型。尤其是青少年时期，“朋友”是我们在成长阶段最重要的社会支持来源。这个时期，遭遇朋友的背叛，可以算是青少年时期的一个重大创伤。

如果你们之间没有什么误会的话，那么她对你的所作所为，已经违背了朋友间的基本原则：互相尊重。如果你觉得她对你造成的伤害是无法修复的，那么你完全可以主动将这段友情关系降级，退回到安全距离，这也是对自己的保护。

断绝友情不像亲情和爱情那么艰难。友情这种亲密关系，我们对它拥有最高自由度的选择权。如果这段关系给你带来的伤害大于收获，那么即使再痛心、再不舍，也要学会及时割舍、放手，把你的宝贵精力留给自己和其他值得的人。

如果你不想和她当面对峙，那么也可以试试逐渐淡出的方式。比如，不再向她透露自己的任何信息，不再回应她的邀约，减少和她的各类交往和接触，把她从你的生活中逐渐抽离出去，不再在情感上和生活上依赖她的照顾。

和好朋友绝交，不可避免会给我们带来心理压力，所以我们也要允许自己伤心难过。负面的情绪就像倾泻的洪水，如果我们把情绪隐藏和压抑起来，假装自己没事，那就像用提坝去围堵洪水一样，有可能在某一时刻决堤溃坝，最终遭到情绪的反扑而影响身体健康。所以不要压抑自己的悲伤，你可以选择找人倾诉、散心、写日记等方式，让情绪像流水一样缓缓流淌出来。

我们要学会接受不可控的情况，认识到友情也是有可能走向结束的。朋友和恋人一样，就是要经历一重又一重的考验才能和我们携手相伴。现在她没能经受住最基本的考验，那就是时候和她道别了。

你的解忧老师

青春期行动指南

朋友背叛我了，我要怎么做？

① 守住底线不退让。

戒掉习惯和依赖是需要时间的，在这个友情戒断期，我们会感到痛苦、难以适应，都是很正常的。千万不要“朋友脑”，遇到原则性问题不能退让，否则她们会无限次试探你的底线，更加肆无忌惮地伤害你。

② 学会照顾自己的情绪。

和曾经的朋友断交，首先要允许自己悲伤和痛苦，可以寻求他人的支持，可以去参加一些新的兴趣活动来拓展生活圈。同时，也不要自暴自弃，不要因此怀疑自己的价值，也不必否定人际交往和交友的价值。

③ 建立新的友情关系。

离开一个错误的朋友，就如同解错题后才知道正确答案，做到及时更正。正好，你也可以借此机会思考一下，自己需要什么样的朋友，以及自己想成为什么样的朋友，这样才能够更成熟地应对新的友谊关系。

怎么和好朋友说"不"，又不伤感情呢？

青春期女孩的来信

张昕老师、白鹿老师：

你们好！

我叫小玉，今年上初三了。我最近总觉得和朋友相处起来很累。比如我们聊天的时候，她一个劲地说那些负能量的事情，我不太想听，可她不仅要说，还要逼迫我不停地给她"言之有物"的反馈，不能敷衍，不然就会指责我没有认真听她讲话。

还有吃东西的时候，我想吃炸鸡，她不让我吃，让我和她一起点比萨。可我不想吃比萨，就想吃炸鸡。她会非常强势地说炸鸡不健康，如果我不听她的，就说我不识好歹。

而且她用我的东西从来不问我同不同意。我的发夹、我的钢笔、我的零食，她经常是不问自取。如果我稍微流露出不悦的神色，她就会露出受伤的神情并指责我："我们难道不是最好的朋友吗？这点事情你也要和我斤斤计较吗？"

我现在觉得她像一条巨大的蟒蛇一样压住了我，让我感觉透不过气来，压力非常大，可我也不敢拒绝她，因为一旦我拒绝了她，她就是一副大受伤害的姿态。老师，我该如何和她说"不"，又不伤害感情呢？

小玉

解忧信箱

小玉：

你好！

老师认为，朋友是我们人生道路上重要的伙伴。健康的友情关系，可以滋养彼此，让双方共同成长；而一段不健康的友情关系，却经常是一方缠着另一方，攫取对方的生命力，抽干对方的养分，使双方畸形共生。

那我们要怎么鉴别这段友情是否健康呢？我们可以记住，不健康的友谊有以下这些特征：物质上单向索取、情绪上单向输出、让你单向付出劳动、在道德和情感上绑架你、在生活上贬低你或捧杀你、处事丝毫不顾及你的意愿、毫无边界感等。这类友情是不健康的。

你看，和你的情况是不是很像？这样的朋友往往控制欲较强，性格强势自我，且没有边界感。你们之间所有的相处都要围绕着她的需求展开，而你的需求则需要为她的需求让步（包括情绪、物质、劳动各方面）。我发现她非常善于用大道理来“情感勒索”或者“道德绑架”你，当你试图和她讲道理或辩论的时候，你会发现你总也讲不过她，甚至还会觉得在情感上亏欠她。

没有边界、单向索取的人也是会“挑选”目标的，那就是不懂拒绝的人。不懂拒绝的人，小时候多是“乖孩子”，以听话懂事来获取父母和他人的关爱和肯定；长大了则是

“老好人”，觉得只有让别人开心了，自己才能开心。

不懂拒绝常常是因为与人“过度共情”，也就是始终将他人的需要看得高过自己的需要。面对种种让你不舒服、有压力的要求，你首先考虑的是别人的感受，会想“我如果拒绝了她，她应该会很伤心吧”，却没有将自己的感受放在第一位，“这件事让我不舒服，我为什么要做？这件事是我应该做的吗？”

这样的“过度共情”，可能会带给你很大的困扰。因为你一旦将他人的需求放在你的前面，就会陷入道德陷阱——先入为主地认为拒绝会让对方伤心，因此不敢或者不好意思表达自己真实的情绪和想法，这种模式几乎形成了一种本能反应，“不能拒绝”“不能让别人不开心”，并逐渐形成思维定式。

但你要知道，边界意味着我们自身的安全区域，它是能够让我们在一段关系中获得安全感和舒适感的保护线，不管是跟亲人、朋友还是普通同学之间，都是如此。我们要学会对越过边界的人温和而坚定地说“不”。如果你还想和她继续做朋友，那就要学会给她建立规矩、设好边界，勇敢说“不”。否则她会一直侵占你的心理空间，你们的友情也无法长久。

你的解忧老师

青春期行动指南

怎样拒绝好朋友呢？我不想伤害我们之间的友谊！

1 直接拒绝，勇敢说“不”。

这是一次对友谊的“强化和惩罚”练习。对你而言是“强化”，你会发现，说“不”并没有产生坏结果；对对方而言是“惩罚”，她会知道你不是“软柿子”，下次再有不合理要求时也就不会再像之前那么放肆地提了。

2 不争吵，不解释，不道歉。

不必情绪激动地和对方争辩对错，不给她用“道理”和“情感”绑架你的机会；不必解释你为什么拒绝，否则会给她理由换一种方式继续索求；更不必道歉，本来就是对方做得不合理，道歉反而显得你理亏。直接礼貌而坚定地说“不行”就可以了。

3 改变“损己利人”的心态。

要明白，你拒绝他们是因为他们的要求不合理，你没有义务去牺牲自己来满足他们的不合理要求，对方也不能因为你拒绝了他们而责怪你。

我被“小团体”孤立了，怎么办？

青春期女孩的来信

张昕老师、白鹿老师：

你们好！

我叫静雯，今年刚上高一。刚开学，我就感觉到自己被室友们集体孤立了。我的老家在一个比较贫困的小镇上，后来我考上了市里的一所寄宿制重点高中，我的室友都是市里的学生。

我能明显感觉到她们对我的鄙夷。她们会笑我土，平时吃饭、上课、出去玩都不带我。我和她们说话，她们也不怎么回应。有一次，我用了新的沐浴露，和大家分享说这味道挺好闻的，结果她们看了我一眼后，继续说说笑笑，没有人回应我。

我想和她们搞好关系，所以从老家带了一些特色小吃过来分享。她们都说不吃，说怕不卫生，同时脸上露出那种嫌弃的笑容。后来我去隔壁寝室玩，隔壁寝室的同学告诉我，我室友让她们也别吃我带的小吃，也别和我在一起玩。

她们对我的孤立让我痛苦、自卑，甚至怀疑人生。曾经我也是班级里的尖子生，也有很多的朋友，怎么到了这里，我仿佛就成了孤僻不合群的“瘟神”，被人嫌弃呢？

静雯

解忧信箱

静雯：

你好！

我非常能理解你现在的处境，因为“孤立”是一种非肢体暴力型的群体霸凌行为，目的就是要对被孤立者造成一种隐性的攻击，损害被孤立者的身心健康。

社会心理学认为，“融入需求”（也称为“归属感”）是人类的基本需求。人作为群居动物，天生需要人际连接感来获得安全感、认同感。而青春期的青少年更是热切地希望能够通过同伴关系来建立稳固的自我概念，对于交朋友、融入群体是非常渴望且敏感的。所以，“被孤立”对你来说是一件格外伤害安全感的事情。

但我还是希望你能明白，这不是你的错。这种隐性攻击是一场心理战，没有外伤，难以取证，所以也难以管理和制止。你现在要做的，就是打好这场“心理战”。

首先，在战略上要坚定两个信念：

一、不要试图在故意否定你的人那里寻求肯定。

二、只要我不和她们交朋友，她们就孤立不了我。

而在战术上，具体做法如下：

首先，不要自我攻击。我们总是误认为无法融入某个团体的人是“孤僻”的，但其实一个人不融入某个群体，也能拥有良好的人际关系。你原来也有相处很融洽的朋友，这其实就是你不孤僻的证明。所以，不要再攻击自己是“瘟神”，不要再谴责自己不合群，你不必非得融入现在寝室的团体中去。

其次，关注自己的身心。“小团体”孤立你时也会观察你的反应，如果你冷静、平和，她们就会感到挫败、无趣。如果你痛苦、自责，她们就越发感受到操纵你的快感。所以，不要陷入“我到底该怎么讨好她们”的内耗中，要多关心自己的情绪和身体健康，吃好睡好锻炼好，该学习学习，多做让自己快乐的事情。

再次，突破小圈子，向外建立社交。可能你无法左右“小团体”中那些人的心理和行为，但你可以不必困于这个小圈子，尝试走出寝室门、走出校门，多参加一些兴趣活动，尝试与其他人建立友谊。

最后，专注提升自我。不再和她们“内斗”，把精力节省下来，用在学习、兴趣特长等上面，不断提升自己。如果你的学习成绩、正常生活都没有受到影响，那么她们欺负人的愿望就落空了。

你的解忧老师

青春期行动指南

有“小团体”孤立我，我很难过，我该怎么办？

1 停止自我攻击。

“小团体”孤立你的目的，就是对你造成一种隐性的攻击。如果你被她们影响，也开始自我攻击，那就落入她们的圈套了。所以，要坚信这不是自己的错，不要因此怀疑和否定自己的价值。

2 不必强行融入。

只要不影响自己和他人的正常生活，没有必要一定要融入某个团体。我们可以享受独处的时光，安静地阅读、思考，也可以拥有团体外良好的朋友关系。

3 切勿本末倒置。

我们现在要将精力放在主要任务上，也就是学习和个人发展上面。很现实地来讲，你学习成绩好或者有其他优势，自然有属于你的集体让你融入。如果你学习成绩不好或者没有任何特长，即便勉强融入了某个团体，可能也只是这个团体的边缘人物。

夹在两个好朋友之间，要怎么平衡？

青春期女孩的来信

张昕老师、白鹿老师：

你们好！

我叫九月，今年刚上高一。我有两个关系很好的朋友，但我现在感觉夹在她们俩中间，有点左右为难了。

叶子是我初中认识的，小林是我高中认识的，她们都是我最好的朋友，也都把我当作她们心目中最好的朋友。她们两个知道对方的存在，但彼此并不熟。我也曾经试图撮合她们俩成为好友，但是她们俩好像不太能玩到一起去。

前几天，我和小林周末一起去网红景点打卡，回来后我发了朋友圈，并配了“好爱我林”的文字。结果叶子跟我说她很伤心，感觉被背叛了。为了证明我没有“变心”，这几天我每天都陪叶子吃饭。小林又不开心了，她说我是她唯一的闺密，可她却不是我最好的闺密。

现在我每天都在当“端水大师”，比如中午和叶子一起吃了饭，晚上就要和小林一起回家，一不小心就要得罪其中一个。天哪，我究竟要怎么平衡啊！

九月

解忧信箱

九月：

你好！

最要好的朋友也把你当成最好的朋友，拥有这种双向奔赴的友谊是件很幸福的事情。而这样的幸福你得到了两份！所以我特别明白你此刻小心翼翼想要回报同等情谊，不想委屈任何一个人的心理。

但是，友情不同于爱情。爱情是一种涉及共同建立未来承诺的深层次情感联结，具有排他性和专一性，可能伴随嫉妒、猜忌、占有欲等强烈情感。而友情是基于共同的兴趣、价值观和经历，是相对独立的一种亲密关系，不具有排他性。在与朋友的相处过程中，我们需要保持开放性，并且尊重朋友的独立性和个人空间。

所以，你同时拥有两个好友，这并不违背道德和社会规范，不用为此感到为难和内耗。

尽管如此，有时候人们在友情中也一样会体验吃醋、猜忌、占有欲等情感，尤其是青少年。因为你们此时正处在建立自我概念的时期，对自我的认知还不稳定，迫切想要知道自己在对方心目中的重要性，同时对朋友的偏爱抱有很高的期待，想以此来满足自我价值。

不论是在友情还是爱情中，“小醋怡情，大醋伤心”，适度吃醋可能会得到朋友更多的关注，从而增进友情，而过度吃醋则可能会令朋友身心俱疲，造成友情危机。

两个好友同时吃醋，都希望你“挑边站”，选择自己成为你唯一的好朋友。而两个朋友，你都不想失去，因此陷入了左右为难的烦恼。这在心理学上叫作“双趋冲突”，指的是个体在面对同时存在的两个具有同等吸引力的目标时，只能选择其一，因难以取舍而产生的一种心理冲突。但朋友并不是只能选择一个，所以这个“双趋冲突”其实是个伪命题，能否化解只在你自己。

我觉得你可以坦诚地跟两个好友沟通：“你们两个在我心中的地位都很重要，我不会因为跟她是朋友，跟你就不是朋友了。”同时也要明确地告诉她们：“我不会‘挑边站’，更不会放弃甚至背刺你们任何一个人，否则我岂不是成了一个背信弃义之人了？”你还可以适当表达现在的状况让你很为难，希望得到她们的体谅。如果她们真的当你是好友，也不该让你为难。

另外，在情绪价值和时间分配上，不患寡而患不均。你和小林出去玩还“秀”出来，这确实会让叶子心里不舒服。

你的两个好友都很重视你，所以你和小林出去玩了，就不能忽略掉叶子，你可以提前和她说明并约好下一次一起玩。这样两个人都能得到你的陪伴了。

你的解忧老师

青春期行动指南

我有两个好朋友，她们互相吃醋，我该怎么处理？

1 真诚地沟通交流。

诚实地袒露心声，可以让我们了解彼此的需求，更好地解决问题。要明确地表示自己不会放弃或背叛任何一方，也不会因为和 A 是好朋友，和 B 就不是好朋友了。

2 采取折中方式。

在“双趋冲突”的问题中，我们往往需要采取折中的方式，使得双方都能够接受。这个时候，可能确实需要你做好一个“端水大师”或者“时间管理大师”。比如，这周末和 A 一起去图书馆了，下周末就和 B 一起去看电影。

3 让两个好友都能感受到你的重视。

在情绪价值和时间分配上，不患寡而患不均，要让她们两个都感受到自己才是你心目中与众不同的存在。比如，A 喜欢看书，你就对 A 说“也就你能让我来图书馆”；B 爱吃烧烤，你就对 B 说“我特意买了你最爱吃的烧烤”。千万不要对 A 说“我记得 B 最爱烧烤了”，或对 B 说“我还得陪 A 去图书馆呢”。

同学家庭条件优渥，我觉得压力好大

青春期女孩的来信

张昕老师、白鹿老师：

你们好！

我叫小伊，今年上初一。我出生于一个城市的普通家庭，一直以来，我觉得自己的家庭条件还算不错，虽然不是大富大贵，但想买什么好看的衣服、娃娃，爸爸妈妈都能满足我。

但到了初中以后，我感觉不一样了。爸妈花费了很大心思让我进了一家很贵的私立学校，我发现班上同学的爸爸妈妈都很厉害。有的爸爸是大企业的总裁，有的妈妈是知名三甲医院的外科医生，有的爷爷是连锁超市的创始人……和他们比起来，我感觉我们家啥也不是。

而且，我很多同学的衣服、鞋子、玩具、学习用品等都是名牌。我觉得我用的洗面奶都算很好的了，可是我的同桌居然用的是奢侈品牌的洗面奶。节假日爸妈带我去上海迪士尼，去北京故宫玩，我本来觉得很开心。可是一看同学们，不是去瑞士滑雪，就是去冰岛看极光，我觉得我那点经历都称不上旅游，甚至都不好意思跟人分享。

在这个班级里，让我觉得压力好大，甚至我都不想在这里继续上学了。老师，我该怎么面对这种压力呢？

小伊

解忧信箱

小伊：

你好！

社会比较，是人类的天性，它能够帮助我们更好地认识自己、了解他人，明确自己在特定环境中所处的位置，推动我们获取更多生存资源。

而所谓攀比，其实是社会比较的一种形式，心理学上称之为“向上比较”。一方面，它能让我们知道自己的短板，从而确定自己努力的方向，但另一方面，它也可能会引起我们强烈的焦虑、沮丧和失败感。

所以，除了适当地“向上比较”外，我们也需要适度地“向下比较”来保护心理健康——就是和不是非常优秀的人去进行社会比较。“向下比较”有利于保护我们的自尊、提升幸福感和满足感，在一定程度上可以减轻我们的压力。

青春期的孩子尤其容易陷入攀比的旋涡之中，因为这个时期，我们的自我认知还不稳定，缺乏自我认同，难以获得内在的满足感。因此急需彰显能力、财富等外在标签，通过与外界进行比较，以获得赞美、认同等来提升自尊。

什么样的人特别需要强化“被尊重，被认可”的情绪呢？那就是对自己“被认可，被尊重”这件事既怀有极大渴望，同时又怀有极大不确定性的人。有一个实验结论可以直观地说明这一点。2010年，伦敦商学院教授尼罗·西瓦纳坦和康奈尔大学教授内森·C. 佩蒂特两位学者在《实验社会心理学》这本期刊上发表了一篇文章，其中提到了他们的实验发现：低自尊的人更愿意购买豪车、名牌包等，因为他们获得自尊的来源是炫耀性消费，也称为“攀比性消费”。

提升自尊没有错，但很多人在提升自尊的过程中容易陷入一个误区：其实有时不是别人轻视你，而是你自己无法认同自己。如果你一味地寻求别人的认可以获得自尊，那么就不可能摆脱低自尊和攀比的旋涡。因为这个世界上总有人比你富有，比你聪明，比你强大。

攀比带来的痛苦，其实是你主观给自己套上的枷锁，它并不是客观存在的。这种烦恼，只在比较中产生。就像你说的，本来去上海迪士尼、北京故宫游玩，让你感到很快乐，可是当你知道别人去冰岛、去瑞士后，就不快乐了。

去迪士尼和故宫游玩给你带来的愉悦依旧存在，并未改变，变的只是你自己的心态。

你的解忧老师

青春期行动指南

同学的条件都比我好，我要怎么办？

1 适当进行“向下比较”。

有时我们需要适当地向下比较，来缓解挫败、焦虑的情绪。比如虽然家庭条件不是大富大贵，但比起苦苦挣扎在生存线上的人来说，我们已经很幸运了。

2 多关注自己的内心世界。

不必一味地关注外在的标签，而是应该多关注自己的内心世界，多培养兴趣爱好，多看书，只有拥有丰富的内在，才能向内获得能量和快乐。不依赖于身外之物的攀比，做到“余则缊袍敝衣处其间，略无慕艳意”。

3 感恩自己拥有的东西。

不要总是去攀比自己没有的东西，而忽略了拥有的东西。如果我们一直跟富豪比财富，跟学霸比成绩，跟好看的人比长相，那永远都不会幸福。我们要感恩自己所拥有的，比如健康的身体、和睦的家庭、受教育的机会等。

好的朋友，能助你成为
更好的自己。

第五章 自我保护

校园霸凌，为什么要选择我？

青春期女孩的来信

张昕老师、白鹿老师：

你们好！

我是一名初一的女生，我叫宁宁。我现在写下这封信的时候，手仍然是颤抖的。我最近遇到了校园霸凌。我是班上的纪律委员，上课的时候我记了三个不守课堂纪律的女生的名字，结果被她们记恨上了。

前几天下午放学，我走了一条近路回家。那条路很少人走，结果我发现那三个女生一路跟着我，她们在后面说说笑笑的，后来喊我名字让停下，我心里害怕，于是拔腿就跑！

没想到这一跑，我担心的事情果然发生了。她们三个追上来，对我拳打脚踢，好几脚踹在了我肚子上和头上，我疼得眼泪都流出来了。带头的那个女生还说："今天我们走这条路，主要就是为了抽你，你以为当个班干部就能上天了？今天就要让你吸取教训 。"后来她们还威胁我，不许我把这件事告诉爸爸妈妈和老师，否则以后见我一次打我一次。

老师，我是不是真的错了？如果我不记她们的名字，是不是她们就不会找上我了？我应该告诉老师和爸妈吗？我害怕她们真的会变本加厉地报复我。我不知道该怎么办了。

害怕的宁宁

解忧信箱

宁宁：

你好！

了解了你的经历后，我感到十分愤怒。面对校园霸凌，我是坚决支持零容忍、绝不退让的。

霸凌者对你实施霸凌，并不是因为你做错了什么。千万不要反思说“是不是我哪里做得不够好，要是我听他们的，他们就不会欺负我了”，如果这样想，就是从身体到精神都被他们霸凌了。

他们的霸凌行为很可能是来自对自身成长环境中类似事件的观察和模仿：当他们发现通过一些暴力手段可以快速达成目的时，就会学习这样的行为模式——这在心理学上叫作“社会学习”。

校园霸凌，永远是霸凌者那一方的过错。校园暴力的关键词不在“校园”，而在“暴力”。它和家庭暴力、网络暴力、街头暴力等其他各种暴力一样，本质就是恃强凌弱。霸凌者的目的就是通过欺负弱者来发泄自己生活中的压力和不如意。他们瞪着眼睛寻找来来往往的猎物：“我这满身的不如意该找谁发泄呢？欺负你最不容易出事，那就是你了。”

霸凌者会选择什么样的欺负对象呢？根据我的观察发现，长期的校园霸凌，经常会发生在那种性格内向、身材瘦小、没什么朋友、不太能引起老师注意、家长关注度不够、自己也不敢反抗的孩子身上。

我总结这些特点，绝不是要说霸凌事件中被欺负的孩子有错，而是想让人们有针对性地去学会自我保护和反抗霸凌。

首先，遭到霸凌时不要害怕，要表现得坚强和勇敢，绝不要默不作声地忍受和原谅，这样只会让对方觉得你很好欺负，那么下次他会更加得寸进尺。

其次，要向家长或老师求助，不要听信对方“不许告诉爸妈和老师”之类的威胁。越不让你告诉父母和老师，越说明他害怕你的父母和老师。

再次，不一定要强攻，要懂得智取。我小的时候也遇到过校园霸凌，我是这样处理的：打得过就打，打不过就跑，跑不掉的就尝试“化敌为友”，比如我教他写作业，帮他解决老师交代的难题。这样的好处是，不仅他以后不欺负我了，在遇到别人欺负我时他还会帮我出面“摆平”。

最后，要多交一些朋友。毕竟人多力量大，霸凌者一般喜欢欺负落单的人，如果你们人多，那么受到欺负的时候也能够互相帮助。

你的解忧老师

青春期行动指南

该怎么面对校园霸凌?

1 要保护好自己，避免起冲突。

人身安全永远是第一位的，当自己和对方力量悬殊时，不要去硬碰硬或者激怒对方，以免让自己受伤。可以寻找时机逃离现场，如果周围有人就大声呼救。

2 要保持镇静，懂得智取。

可以采取迂回战术，尽可能地拖延时间，给自己争取机会求救。比如被勒索时，可以先答应下来，避免被打。

3 记录证据并求助于大人。

尽可能记录霸凌事件的细节，包括时间、地点、涉及人员和具体的行为。遭遇霸凌后，我们一定要及时将这些信息告诉父母和老师，必要时要勇敢地报警。

4 避免独行，结交朋友。

多交一些朋友，或者和其他被欺负的同学结成联盟，互帮互助，共同反抗霸凌。

被熟人“性骚扰”了，要怎么办？

青春期女孩的来信

张昕老师、白鹿老师：

你们好！

我叫萱萱，今年初二。最近我好像被熟人“性骚扰”了。我发现姨父这一年来总是特别关心我，一开始关心我学习，后来又关心我身体。现在他更是热情，经常邀请我去他们家吃饭，爸妈生意上事情多，不怎么管我，他就经常让我去他们家玩。

本来我还没有多想，因为我们两家关系挺近的。让我觉得不对劲的是这几次去姨妈家，姨父总是趁姨妈不在的时候跟我说一些让我觉得别扭的话，比如说“你的洗发水什么牌子的，头发好香啊”，或者说“你看你姨那个水桶腰，再看你这个细腰”。更夸张的是，晚上他喝了点酒，整个人就压在我肩膀上，说要我扶一下他。

我觉得很别扭，很反感，甚至有点想吐，但当我告诉爸妈时，他们却说我想多了，说姨父拿我当小孩子。可能真的是我想多了，姨父一直是我很尊敬的长辈，怎么会是流氓呢？而且我小时候经常在姨妈家玩，姨妈很疼爱我，我特别怕伤了她的心。老师，这到底算不算“性骚扰”？

萱萱

解忧信箱

萱萱：

你好！

我觉得你的担忧不无道理，你姨父的行为，确实超出了一个长辈对晚辈关心的正常范围，你不能因为觉得他是长辈或者熟人就放松警惕。《危险的熟人》一书中提到，有一项根据美国大学校园的调查显示，美国大学校园中有25%的女性遭遇过强奸或强奸未遂，而其中超过80%的女性与袭击者相识，也就是说，大部分此类案件都是熟人作案。

很多人对于“性骚扰”和“性侵”的认知仍然非常浅薄，认为只有在肢体暴力或者凶器的威胁下，猥亵了胸部、性器官或者强吻了被害人才是性骚扰，认为只有在暴力胁迫下被害人身体遭受侵犯才叫“性侵”。

但其实《中华人民共和国民法典》第一千零一十条规定，违背他人意愿，以言语、文字、图像、肢体行为等方式对他人实施性骚扰的，受害人有权依法请求行为人承担民事责任。也就是说，在你非自愿的情况下，他通过语言、文字、图像、肢体等方式，对你进行与性相关的行为，或者以性为目的的试探，让你感到不适或不悦的，就是性骚扰。

同样，《中华人民共和国刑法》第二百三十六条“强奸罪”的构成要件是：罪犯使用暴力、胁迫或者其他违法手段，迫使女性与其发生性关系的行为。因此，哪怕没有采取肢体暴力行为，但如果他采用哄骗、恐吓等手段，只要是在女性不愿意的情况下与女性发生性关系，就应当叫作“性侵”。而且根据法律规定，男性与未满十四周岁的女性发生性关系，无论该女性是否同意，都将以强奸罪论处并从重处罚。

如果他说和妻子感情不好，说你发育好、身材好，或者摸你的头发或手、过分靠近地搭肩，再或者想单独约你出去玩、请你喝酒，等等，这些都是以性为目的的试探，就属于性骚扰。

老师可以肯定地告诉你，你姨父的行为属于性骚扰。那么，现在你要立刻告知你的父母，不要给你姨父可乘之机，让他觉得你是个可以任他下手的“猎物”。

但你千万不要因此感到自责，对不起你姨妈的人是你的姨父，不是你，你只是一个受害者。如果你姨妈是个明白人，相信她不会因此而责怪你；如果她因此迁怒于你，那她也不是个值得依靠和信赖的长辈。

你的解忧老师

青春期行动指南

我要怎么保护自己，不被熟人“性骚扰”？

① 警觉非正常的接触。

不要因为对方具备已婚、是长辈、与你熟识多年等特点就放松警惕，一定要警觉那些让你感到不舒服的肢体接触和不正常的言语“关心”。

② 严厉反击，让对方知道你不好惹。

本来遇到这种事情，求助父母是最好的办法，但是如果你父母不上心，你就要学会自己反抗。对方如果言语上骚扰你，你就录音或截图下来留作证据。如果他肢体上猥亵你，若旁边有人，你就大声呵斥，让对方害怕事情曝光而放弃对你下手。当然，前提是要保证自己的人身安全，避免被对方打击报复。

③ 处于危险的时候，要智取。

如果对方行为升级，比较凶恶，而你们又在密闭空间，周围没人能救你时，则不能激烈反抗，不要激怒对方，要智取。比如，假意顺从，说想出门先买什么东西，借机逃跑，然后报警。

遇到陌生人跟着自己，太可怕了

青春期女孩的来信

张昕老师、白鹿老师：

你们好！

我叫书影，是一名初三的学生。前几天，我遇到了一件非常可怕的事。放学回家时，有一个陌生男人一直跟着我。一开始我还以为他跟我顺路，可等我下地铁的时候，他还是跟着我。

我害怕极了，出了地铁站就赶紧加快了脚步。他发现我注意到他了，干脆直接走到我面前说："小妹妹，交个朋友吧，我们一起去个好玩的地方。"我吓得一句话也不敢说，拼命往前走，他还挡住我的去路纠缠我。这时候，有几个路人放慢了脚步盯着我们看，结果他就大声说："没事，这是我妹妹，我们吵架了。"还好这时候遇到一个朋友，她远远地喊了我一声，那个人看到后立刻掉头就走了。

事后我和几个朋友讨论，如果遇到这种流氓要怎么呼救。A说："就大喊'爸爸，我还未成年，你千万别逼我去夜总会'！"B说："我就喊'神经病打人啦，大家快救我'。"C说："就喊'你不就是杀人分尸被我看见了嘛'，我就不信路人不报警。"但我感觉她们说的都不靠谱。

老师，遇到这种情况，我该如何自我保护呢？

后怕的书影

解忧信箱

书影：

你好！

收到你的来信，首先，我替你感到后怕。其次，我要肯定你的感觉，你几个朋友的应对方法都非常不可靠。

心理学上强调，我们呼救要学会“有效呼救”。

那么，怎样才算有效呼救呢？那就是向围观群众发出一个中等危险的呼救信号。比如喊“救命”“抓流氓”“抓人贩子”，就能激起周围群众的正义感，让他们产生将你从坏人魔爪下解救出来的意愿，这是一种有效呼救。

但是，如果你喊“神经病杀人啦”“杀人犯分尸啦”“恐怖分子扔炸弹啦”，这是一种高度危险的信号，也是一种无效呼救。因为围观群众听到这类呼救后，会因为害怕而不敢插手，甚至四下逃散，躲得远远的。

还有一个重点，就是要坚决澄清自己和对方不认识。像你朋友喊“爸爸”的做法，可能真的会起反作用。因为围观群众会误以为你们认识，这就变成低等危险的信号，会让人觉得这是你们的家务事，外人还是别插手了。你需要大喊“我不是他妹妹”“我不认识他”“他是人贩子装的”等。

另外，心理学上说，求救要打破“责任分散效应”。当身边围观者人数多了，他们反而容易袖手旁观，但如果你求助的只有一个人，那么他反而会产生更强的责任感。这就是为什么有些新闻报道上说百人围观落水儿童却没人施救，而一旦有人领头施救，后面就会有很多热心群众加入救援，这就是“责任分散效应”被打破了。

所以，如果围观你们的有很多人，你就要指定一个特定的求助对象，比如：“这位高个子的大哥，求你救救我”。

另外，最好还要向“有特定身份”的人求助。比如保安、地铁工作人员、银行工作人员等，他们此刻穿着制服，代表的不只是他个人，而是一个强有力的组织机构，是有保护能力，且肩负重大责任的一方，他们会觉得自己义不容辞。

最后，希望你在遇到危险时能正确保护自己，当然永远都用不到这些知识最好啦。

你的解忧老师

青春期行动指南

有陌生人跟踪我，我要怎么保护自己？

① 往人多的地方走。

千万不要为了摆脱跟踪，走小路、抄近道。尽量往人多的地方走，确保自己处于监控摄像头覆盖范围内。

② 千万不要让路人觉得你们认识。

千万不要顺着对方的话说，更不能说“爸爸，我还未成年，不要逼我去夜总会”之类的话，这只会让路人觉得你们认识，而且家庭关系混乱，一般人会不愿多管家务事。

③ 千万不要让路人误认为情况凶险。

千万不要喊“你杀人分尸被我看见了”“神经病打人啦”之类的话，路人会因为害怕杀人犯、神经病而不敢施救。大声呼救“抓人贩子”“抓流氓”等都是有效的。

④ 向特定身份的人群求救。

可以向有特定身份的人，比如地铁工作人员、商场保安等求救。如果没有工作人员，那就找比较有保护能力和正义感的对象，比如强壮的大叔、热心的阿姨等。

打扮得中性一点，我有错吗？

青春期女孩的来信

张昕老师、白鹿老师：

你们好！

我叫淑静，今年刚上高一。我和我的名字一点都不像，我既不文静，也不淑女，从小就喜欢玩车玩枪，平常打扮也是走中性风，从来不留长发。

我身边的同学因此嘲笑我，说我没有一点女孩样，将来长大了没有男人敢娶我。在这种非议和压力之下，我曾经也留过长发，穿过裙子，但这样的穿着打扮让我觉得既不方便又十分别扭。

今年暑假我心一横去剪了个平头，结果开学一进教室，班里同学就议论开了，声音此起彼伏，有说我勇敢的，也有笑我“不男不女”的，甚至还有其他班级的同学挤在我们教室后窗“围观”，捂着嘴偷笑，对我指指点点。

在兴趣爱好上也是这样，我和认识的女生也不太一样，她们都在学芭蕾舞，学古筝，学钢琴，非常优雅。但我对这些一点都不感兴趣，可却不敢跟别人说，我其实很想学拳击……

老师，我打扮得“中性化”错了吗？我要放弃学拳击的想法吗？我是不是应该和其他女同学一样，现在开始学着留长发、穿裙子呢？

疑惑的淑静

解忧信箱

淑静：

你好！

我很能理解你此刻的烦恼，因为你的同学所抱有的观念，是一种典型的性别刻板印象。性别刻板印象是指对某一性别的性格特征、外貌、行为、角色抱有某种普遍看法或成见。比如说，认为女孩就应该安静端庄、留着长发、学着琴棋书画，将来成为一名贤妻良母。

但其实，不同的人对自己的生命体验都有着不同的理解和不同的向往，性格、穿着、兴趣爱好……这些事情存在个体差异，但却并非严格按照性别来划分。一个女孩可以是留长发、穿长裙、文静乖巧的，也可以是留着利落短发、拥有肌肉和力量感的。

心理学中常说“要教给孩子正确的性别意识”，但指的并不是“男孩要有男孩样，女孩要有女孩样”，而是指要客观地认识到男性和女性在生理构造上有什么不同，保护自己的性别隐私，以及遵守性别规范。比如，哪些位置是不能让别人随便触碰的；比如，为什么不能随便看异性换衣服，不能未经允许随便亲吻别人，等等。这些才是心理学上所说的“正确的性别意识”，而不是“女孩应该学芭蕾舞”“女孩必须穿高跟鞋”这种性别刻板印象。

我们作为新时代的青少年，就更不应该被性别刻板印象限制住，放弃自主选择生活方式和兴趣爱好的权利。拳击不只有男生可以学，如果你想学拳击，完全可以去找专业的教练来进行有针对的训练，只有尝试过才知道这条路径是否适合自己。

至于同学嘲笑你“将来没有男人敢娶”，这些话就更不必放在心上。一个人自我价值的实现，来自她/他的努力、她/他的成就、她/他对社会的贡献，而不是在于有没有异性愿意和她/他结婚。

另外，除了“摒弃性别刻板印象”之外，还有一点很重要的是“培养性别意识”：一个人对自己的认知要符合心理性别。

比如说，如果你生理性别是女孩，心理性别也是女孩，非要让你像男孩一样生活你会痛苦；但如果你实际是女孩，心理性别是男孩，非要叫你“做回女孩”你也会痛苦。

这种认知的错位可能会给我们带来人际关系、情感探索等方面的困扰，更有可能导致抑郁、焦虑、社交恐惧等心理问题。如果你属于这种情况，那么认清自己的内心也很重要。只要不影响公序良俗和他人利益，为了你的身心健康考虑，你可以选择适合自己的方式去生活。

你的解忧老师

青春期行动指南

如果你们也遇到了和淑静类似的情况，我们有几个建议：

① 不必在意他人的眼光。

与其迎合成为别人眼中的“淑女”，倒不如选择一个适合自己、更能发挥自己特长的道路。你没有必要因为别人的眼光就放弃自己喜欢和擅长的事情，这会折断自己的“翅膀”，限制自己未来的可能。

② 摒弃性别刻板印象。

性别刻板印象往往会限制一个人的性格发展、职业追求和对生活方式的选择。但其实我们不应该被性别的刻板印象给局限住，因为女孩也可以成为飞行员、拳击手，男孩也可以成为时尚博主、舞蹈家。

③ 接纳自己的特点。

你的外表“中性化”只是你自身的一个特点，不是一个缺点或者错误，我们应该学会接纳自己的特点，有勇气做独特的自己。

要怎么拒绝男生的“过分要求”？

青春期女孩的来信

张昕老师、白鹿老师：

你们好！

写信来求助，是因为我遇到了一件令我非常困扰的事情。我叫小莹，今年高二了，在A市上高中，我家在A市下面的镇上，离A市市中心比较远，所以我和我妈租住在学校附近。

我们隔壁有一个大我两岁的同乡男生，对我照顾有加。说实话，我来到这里人生地不熟，讲话也有口音，总觉得融入不到同学中去。我妈是个不善言辞的家庭主妇，跟我之间也没有什么沟通，就只是管我吃饭睡觉。而这个同乡经常陪我聊天，给我带好吃好玩的，所以我也对他产生了感激和依赖。

我觉得他是我在这里唯一的朋友，我很依赖他。最近，他开始有过分的要求，希望可以和我有更亲密的接触，他说这是爱，也希望得到我的爱，我要是不同意就再也别见面了。而且他还跟我说：“你是爱我的，你只是害羞。”我也分不清自己是不是“爱”他，所以答应先跟他接吻试试。

但接吻后，我感到无比恶心，身心都非常抗拒和后悔，每次想起来都像做噩梦一般。现在一想到他的要求，我就恶心得要死，而他又在不断给我施压。老师，我不知道该怎么办了。

小莹

解忧信箱

小莹：

你好！

首先，请你赶紧向老师、家长反映这件事情。然后，要避免和他单独去密闭的空间或者人少的地方。最后，赶紧跟他绝交，不要再有来往。

你在与他亲密接触之后出现恶心后悔、做噩梦这些反应，足以说明你并不愿意和他发生这样的接触，更不是“爱”他。让你心里如此痛苦的只有一种可能性：你根本就不愿意。

他经常陪你聊天，在生活上照顾你，也许就是一种手段，让你从心理上对他产生感激和依赖，导致你分不清自己真正的感觉，而且你的想法也许会欺骗你。但你的心理感受和身体反应会很诚实，恶心就是恶心，不愿意就是不愿意。

先不说你还没有成年，当前正处于青春发育的关键时期，生殖系统各项功能发育还不成熟，不能进行亲密接触。如果过早进行亲密接触，脆弱的组织容易受到伤害，会加大妇科疾病的感染概率，对身体健康造成危害。因此你应该坚决地说“不”。就算是你成年了，发生亲密接触也不应该是因为感激、依赖或是害怕。成年人之间发生亲密接触只能有一个原因，那就是因为相互喜欢，并且能使人快乐。如果不是，而且让人反感和痛苦，就应该坚决地说“不”。

并非所有性侵都伴随着肢体暴力，用任何事诱惑或威胁而发生性关系的行为，都是性侵。你拒绝他的要求，他就用“绝交”威胁你。即使他没有使用真刀真枪来逼迫你，但他利用了你的畏惧心理来给你施压，那么，这就是一种强迫。但这一类强迫取证又很困难，所以我们要警惕并将其识别出来，然后坚决地说“不”，尽量防患于未然。

除此之外，我还想给你一些自我保护的建议：不要答应跟他回家以及去酒吧、树林、宾馆等地方；不随便吃喝他递过来的食物、饮料；不要答应他脱你衣服或触摸你的身体；小恩小惠不能要，警惕他用“我帮你买好东西”“去我家玩”这类话术来诱骗你。

青少年经常分不清喜欢和其他的一些情感，比如依赖、感激、友情。现在你就是混淆了依赖和喜欢，被他欺骗和利用了。你需要明白，依赖不等于喜欢，喜欢更不等于就要发生亲密接触。

所以，我建议你赶紧与他保持距离，如果他继续纠缠，那就要立即向身边的大人求助。

你的解忧老师

青春期行动指南

有男生对我提出亲密接触的要求，我该怎么办？

① 直接拒绝，不要掉入对方的思维陷阱。

不用跟对方解释原因、辩论对错，因为这样很有可能被对方带入他的思维圈套。比如他说“我对你这么好，你必须报答我”“如果你真的喜欢我，你就会答应我”，这些都是语言陷阱，你和他辩论容易被他绕进去。这时你要坚决地拒绝并严厉呵斥：“不行就是不行，没有为什么”“这绝对不可能”。

② 正确认识喜欢与亲密接触。

我们要明白，依赖不等于喜欢，喜欢也不等于要接受亲密的行为。比如前一阵，我想亲吻我儿子，结果遭到拒绝，我问他：“你不爱我了吗？”他说：“我爱，只是我现在不想被你亲。”他明白了“喜欢你不等于同意被你亲”，这让我感到很欣慰。

③ 向信得过的大人求助，做好自我保护。

如果对方纠缠不休，一定要向信得过的大人，比如父母、老师求助，避免和他单独去密闭空间或者人少的地方，必要时要及时报警。

所谓成长，就是让自己
不再轻易被伤害。

第六章
学业困惑
又失眠了，怎么办？
期末模拟

女生就一定学不好数学吗？

青春期女孩的来信

张昕老师、白鹿老师：

你们好！

我是一名初三的女生，我叫星辰。最近我遇到了一件让我很烦心的事情。

从小爸爸妈妈就对我有很高的期望，我也没有辜负他们，我的成绩一直很好，在班级上名列前茅。可是前几天，我听到我们班主任和隔壁班的班主任闲聊，她说：“你别看好多女生现在成绩好，到了高中，理科就会不行。我们上高中的时候，数学怎么学就是学不过男生，这一点你不服都不行。”

听到老师这么说，我突然有一种焦虑感，甚至有时候晚上想到这个，我都会焦虑得睡不着。我现在已经初三了，虽然目前数学成绩很好，但我就是很担心，万一到了高中，我真的像老师说的那样，数学怎么学也学不过男生，该怎么办呢？有了这种想法后，我甚至觉得数学书上的题目都变难了，老师讲的课也变得枯燥了，我害怕“女生到了高中数学就变差”的“魔咒”会在我身上应验。

所有人都知道，数学这门主科是非常重要的，如果数学不行，那我一定考不上理想的大学了。老师，我该怎么办？

星辰

解忧信箱

星辰：

你好！

我非常理解你的担心，也很生气有人会有这种偏见。从小到大，我们就常听人说“女生学不好数学”，但是到了高中，你会发现，很多女生的数学成绩比男生的还好呢，而且心理学家已经用科学研究证实了，“女生学不好数学”这种说法是错误的。

来自美国和加拿大的三位心理学家斯宾塞、斯蒂尔和奎恩做过一项研究——给一群有男有女的大学生出相同的数学题，第一次，他们告诉大家“这个测试男女没有差异”，结果女学生考出来的数学成绩和男生是一样好的。第二次，他们故意说“这个考试，男生比女生擅长”，结果，女生们的成绩真的奇迹般地应声下滑。这种现象背后的原因，是一种叫作“刻板印象威胁”的心理学效应。

心理学中有个词叫“刻板印象”，说的是我们会对某类人或者某类事物形成一种偏见。比如说，有些人认为女生就是学不好数学——这就是一个典型的刻板印象。

而“刻板印象威胁”意思是说一个人担心刻板印象中的坏情况会发生，结果那些坏的事情就真的会发生。比如，有些女生越是觉得自己学不好数学，结果就越有可能真的影响自己的数学成绩。可以说，性别“刻板印象”在青少年成长过程中是有很大影响的。

“女生学不好数学”这种偏见，不仅很多家长和学生有，甚至不少老师也有。其中的“刻板印象威胁”造成女生在数学上的学习焦虑，一方面让女生担心自己学不好数学，另一方面也削弱了她们在数学方面的成就，似乎在进一步“印证”人们的刻板印象。

这种歧视女性的刻板印象不光在数学领域有，在其他很多领域也有。比如，现在很多人都认为编程、计算机这类行业是适合男性的，女生是学不好的，可要知道在这个行业出现之初，它的先驱们很多都是女性。

现在人们普遍认为“女生文科好”，可在女子不能读书的封建社会，人们还觉得只有男性才会写文章，还认为女性不适合读书呢。

所以，这些都是偏见，是不应该影响你对未来的计划的。你要相信，你的前途一定会像你的名字一样，如星辰大海一般璀璨和辽阔！

你的解忧老师

青春期行动指南

女生只擅长学文科，学不好数学吗？

① 要相信自己的实力。

如果一个学生数理基础好，逻辑思维能力强，学习态度认真，那么不管是男生还是女生，都可以学好数学。尤其是初中数学基础好的女生，更应该相信自己在高中和大学有学习数学的实力。

② 掌握好的学习方法。

夯实基础知识，多做练习。如果对基础知识掌握得不牢固，那么光刷题是没有用的。我们要根据目录把书上的概念串联起来，把每个概念对应的例题全部理解吃透，对于经典题型要“知其所以然”，对于错题要反复练习。

③ 正确看待数学的重要性。

数学当然很重要，但也不用钻牛角尖。一个人如果真的尽力了也学不好数学，也不是什么大不了的事。数学不好，也不代表不能过好这一生。我们每个人都有自己的长处和优点，将来肯定也会从事自己喜欢和擅长的工作，不擅长的事情可以由别人做，这就叫作“社会分工”。

学习这么苦，当个“网红”不好吗？

青春期女孩的来信

张昕老师、白鹿老师：

你们好！

我是一名初三的女生，我叫斯雨。我的学习成绩一般，爸妈因为这个没少责骂我，说我将来考不上大学就会变成无业游民、穷光蛋。

可我觉得学习真的太苦了。我每天的生活都被学习填满了，除了上课、做题，还是上课、做题，又难又累。

再说考不上大学就会变成无业游民吗？我看现在很多“网红”一条视频都有几万个点赞，好多粉丝给他们刷礼物，那些大主播能接好多广告，还能带货。我听大人说，现在主播带货挣得可多了，她们也不见得就是大学生，那我干吗非得要考大学？大学生毕业也不一定有“网红”赚得多啊。

我觉得现在的大人目光太短浅了，他们根本都不知道外面的世界发展成什么样了，只知道逼我考大学，他们对“网红”存在很大的偏见。我现在学习这么累，将来的收入也不一定能有多高。“网红”工作又轻松又好玩，还能赚钱，还有很多人崇拜他们。做这样的工作不好吗？

斯雨

解忧信箱

斯雨：

你好！

收到你的来信，我觉得你的一些思考很有道理——比如说，考不上大学并不代表就会一事无成。任何职业只要做得好，一样对社会有贡献，一样能实现自身价值，家长确实不应该抱着考不上大学就会变成无业游民、穷光蛋的偏见。

但有一点你说得不对，当“网红”并不像你说的那样“又轻松又好玩”。看视频轻松好玩，并不代表做视频也是轻松好玩的。

你之所以这样认为，是因为“易得性偏差”效应。“易得性偏差”是一个认知心理学上的概念，指的是人们往往根据认知上的易得性来判断事件的可能性，而忽视对其他信息的关注，从而造成判断的偏差。通俗点来讲，就是“只见贼吃肉，不见贼挨打”。

由于工作原因，我恰好认识不少“网红”。虽然他们所处领域不同，学历不同，但共同点是：没有一个是轻轻松松就能赚到钱的。下面老师来跟你具体说说吧。

科普类“网红”：这个不用多说，还是得努力学习，并且得学识渊博，掌握各类知识。

才艺类“网红”：在长得好看的同时，还得拥有一技之长，比如唱歌、舞蹈、乐器演奏等。

拍段子“网红”：每天写剧本、分镜头脚本，拍摄、剪辑，还要根据粉丝的反馈调整剧情。

恶搞类“网红”：需要比一般人豁得出去当“小丑”，而且如果为博眼球过于夸张低俗的话则容易被封禁。

不管是哪一类的“网红”，想要“变现”，也就是赚钱，可能大多数都得通过直播带货来实现。我认识的一个比较成功的“网红”，她每天早上六点就开始直播，连续直播四小时。然后开始写脚本、拍视频、剪辑、配音配乐，下午接着选品、发货、售后……就连周六日也不停歇，全年无休。

我说这些的意思当然不是想吓唬你说“不能当‘网红’”，而是想说不管是学习，还是当“网红”，任何事情想要做好一定都是动了脑筋、用了心思、付出了努力，而且要全身心投入才能做出成果来的。

而且，如果你真的想从事“网红”相关的职业，那么也需要学习相关技能，比如自媒体运营、写脚本、编导、摄影、剪辑等。所以我建议，还是先完成学业，打好基础，再结合实际情况和个人的兴趣爱好去实现自己的梦想。

你的解忧老师

青春期行动指南

我想当“网红”，不想学习，怎么办？

① 可以开始尝试做。

既然有困惑那就行动起来，针对困惑去寻找答案。你可以想想自己喜欢什么、擅长什么，然后据此开始尝试拍摄视频发布到网络平台上，看一看市场的反馈。毕竟，实践才能出真知。

② 学习一些相关知识。

实践也不是让你蒙着头瞎实践，我们要在实践的过程中发现自己擅长什么，缺乏什么。比如你发现你剧本编得非常有创意，但是拍摄出来的画面总差点意思，那就要去有针对性地学习摄影、运镜、剪辑这一类的专业技巧。

③ 明确自己的初衷。

要弄清楚自己想当“网红”，是真的喜欢从事自媒体相关的职业，还是只是喜欢刷短视频，或者只是为了逃避学习的辛苦？如果是后者，我建议你倒不如适当放松，给自己分配好学习和玩乐的时间，并且严格遵守这个计划，不要让玩乐影响了正常的学习和生活。

“第一名”的压力让我喘不过气来了，怎么办？

青春期女孩的来信

张昕老师、白鹿老师：

你们好！

我叫奕欢，是一名高一的女生。我给您写这封信，是想就最近遇到的一些问题向您寻求帮助。

自上学以来，我的学习成绩一直名列前茅。尤其是初中三年，我的成绩稳居班级第一名。在大家眼里，我是个“学霸”，我也因此感到很自豪。但是上高一后，我感觉学习压力变得越来越大，我也越来越焦虑。

因为我们学校是省重点高中，强手如林，所以考第一名不再像以前那样容易。有时我会“跌落神坛”，考第二名，甚至第三名，我很恨自己，甚至回家以后会气得把卷子都撕了。

现在，只要一出分，我就特别紧张，甚至都不敢看成绩。我特别害怕自己不是第一名，害怕爸爸妈妈的期待会落空，也害怕被别人嘲笑我不再是“常胜将军”。

这些令我焦虑、害怕，严重影响了我对学习的兴趣，几乎变成了恶性循环。所以我决定写信向您求助，我想知道该如何调整好自己。

衷心地期待您的回复。

害怕“跌落神坛”的奕欢

解忧信箱

奕欢：

你好！

我非常理解和欣赏你的进取心，而且说实话，你现在的这种心态在中学生里也并不少见。因为成绩排名的巨大落差而出现心理问题，影响学习和生活甚至严重到要退学的同学，我真的见过不少。

他们其中有人这样对我说："考进一所强手如林的好学校后，我再也不是那个众星捧月的关注对象了，我承受不了这种巨大的落差感和挫败感"。

我反问他们："你们考到全市、全省最好的学校，是因为热爱学习，还是因为喜欢被别人吹捧啊？"如果答案是后者，那很显然是他们给自己施加在前进道路上的驱动力出现了问题。

当你努力奋斗的动力来自外部的积极反馈，比如成绩排名的评定、父母老师的表扬时，那么这种驱动力就是外驱力。一旦这个外驱力没有了，比如进入大学，老师不像中学时那样严格管理学生，父母也不在身边，没有人在旁边时时表扬或者批评你了；又或者进入了好学校，身边卧虎藏龙，你再也得不到好名次了，那么你自然就没有力量再前进了。

而当你的行为动力来自内心的兴趣、渴望或信念，也就是内驱力时，比如，你想要在自己的专业领域有所建树，或是你本身就享受学习的过程，这个时候外驱力的消失，只会让你的目标感和自我效能感更加强烈。

拿我自己来说，我从小到大一直是第一名，我自己也早就习惯了这种所谓的“光环”。这种状态一直持续到我进入北大，从那之后，我再也没有得过“第一名”。落差感当然有过，但我并没有那种“誓死捍卫第一名头衔”的强烈执念。因为在这里，我对自己的目标和兴趣越来越确定了，我喜欢的就是这种每天钻研文献、做实验、写论文的生活。“我享受做研究的过程”这个内驱力从未改变过，因此“我要成为第一名”这个外驱力对我的影响也就很有限。

只要我们坚定内心的目标，那么努力的结果一定不会差，距离目标也会越来越近。我经常说，有目标驱动是好事。但如果对目标的追求过于狭隘，钻了牛角尖，认为只能成功不能失败，就会造成不必要的焦虑甚至抑郁等心理问题。

你的解忧老师

青春期行动指南

我想一直考第一名，压力大得我快承受不住了，怎么办？

1 抛弃对“第一名”的执念。

根据我的招生经验，第一名可以上北大，第二名也能上北大，第三名也能上北大，不用只对“第一名”有过深的执念。而且，决定一个人未来的也不仅仅是名次，那些取得重大成就的人也未必就是当年的考试状元。

2 目光放长远一点。

“第一名”和未来的成功之间没有必然的联系，就算没有考到第一名，就算没有上清华北大，就算没有考上好大学，只要一直勤于动脑，一直踏实努力，也能获得成功，各行各业里这样的成功者比比皆是。

3 和自己竞争，而不是和别人竞争。

摒弃外部杂念对你的影响，想清楚自己真正喜欢的事是什么。然后自己和自己比较，无愧于自己的内心，这样的人，最后的成就一般都不会小。

考不上好学校，我就真的完了吗？

青春期女孩的来信

张昕老师、白鹿老师：

你们好！

我是一名高一的女生，现在学习成绩不太稳定。好的时候可以考到前十名，但不好的时候也考过倒数。我觉得我对数学的基础知识掌握得不太扎实，所以考试的时候碰运气的成分挺大的。碰到会的，发挥好了，就能考得不错；遇到不会的题目多几道，就容易考砸。

妈妈经常跟我说，我肩不能挑手不能提，如果不考大学，就算去工厂里干流水线的活也比不过别人。我也没有什么兴趣特长，如果会弹琴、会画画，将来或许也能当个音乐老师或美术老师，可我什么也不会。妈妈还说我长得也不漂亮，不可能像别的漂亮女生，就算考不到好大学，嫁个好老公也一样能过上好日子。总之，她天天跟我说，考上大学就是我唯一的出路。

我现在很焦虑，经常会幻想，如果我真的这么倒霉，高考遇到的题目刚好我都不会怎么办？如果我考不上大学，我的人生是不是就彻底完了，我就没有出路了？

老师，希望你们能给我指点迷津。最后，诚挚地祝愿你们工作顺利，阖家幸福。

担心考不好的馨然

解忧信箱

馨然：

你好！

收到来信，我很明白你此刻的担心。但我还是要告诉你，妈妈的话有点绝对和狭隘了。

虽然高考很重要，高考成绩决定了你能否进入好的大学，而且学历背景不仅是我们进入职场的“敲门砖”，还可能对我们今后接触到的人群和圈子起到“分层”的作用——它对你能交什么样的朋友，找什么样的结婚对象，进入哪个专业领域，都起到了不可忽视的作用。

但是，我可以明确地告诉你，事情也并非像你妈妈说的那样“考上大学就是你唯一的出路”。

首先，三百六十行，行行出状元，各行各业都有一些出类拔萃的领军人物，他们中有的人虽然没有上过大学，却一样通过自己的努力，在自己的职业领域闪闪发光。

其次，你妈妈跟你强调“考上大学就是你唯一的出路”，说明她根本没有看清“高考为什么重要”的本质。这是典型的功利主义，不考虑行为的内部动机，只考虑结果对“最大快乐值”的影响，所以认为一场考试就能决定此生的成败生死。怎么可以根据一场考试的结果就给一个人的一辈子下定论呢？

而且你会发现，虽然大家高考成绩千差万别，但进入大学阶段后，真正能脱颖而出的，不一定就是高考成绩出类拔萃的人，而是那些内部动机（内驱力）特别强的人，这也是被很多心理学家研究证实了的。**那些人善于自我激励，并不是靠着老师与家长的督促才进步和成才的。**

“考上好大学”不仅是对学习成果的一次检验，更是对这一阶段的学习能力以及自律、勤奋、严谨、高效、进取、思考、洞察等特质（内驱力）的验收。但如果你在考上好大学之后，每天逃课、玩乐、不再思考和努力，那么考哪个大学只能决定你今后在哪个宿舍打游戏而已，决定不了你未来的出路。

但就算你没有发挥出最佳水平，没有考到心仪的好大学或没有考上大学，你的人生也不会“完了”。只要你还保有进取心，不断思考未来的路径，不断学习技能，今后无论是继续攻读研究生，还是进入社会，终究会成为同行之中的佼佼者。

最后，我还有一个观点想分享给你——当一粒沙出现在眼前的时候，你可能会觉得它是一座山，但它未必是。小学阶段的我觉得期末考试是天大的事，高中阶段觉得考上好大学是天大的事，大学快毕业的时候觉得写论文是天大的事，现在的我觉得写好一本书是天大的事。但如果你把时间线拉得再长一点，把眼前的沙子挪远一点，你会发现某件事情在你人生中的重要性，可能并没有你想象的那么大。

你的解忧老师

青春期行动指南

要是我考不上好学校，我就没前途了吗？

1 正确对待中、高考。

既要重视，但也不要形成狭隘的“一考定终生”的考试观。对待任何事情，重视自然是对的，可一旦钻牛角尖，认为只能成功不能失败，就会导致自己过度焦虑，甚至产生抑郁等心理问题。

2 不要妄自菲薄。

有时，我们会被父母的话语所影响，认为自己“什么也不会”。但其实每个人都有自己的强项，要善于发现自己的长处。我认识一位女生，上的大学一般，琴棋书画也都不会，后来她偶然发现自己对化妆很擅长，便开始往这方面发展，现在已经是一名很厉害且有名气的化妆师了。

3 查找学习中的薄弱环节。

“临渊羡鱼，不如退而结网”，与其担心“考到不会的怎么办”，不如趁现在时间还来得及，开始查漏补缺。将错题、难题做个总结，去请教老师和会的同学，将知识框架中的薄弱部分一一排查出来，巩固夯实。根据我的经验，这对成绩提高是很有用处的。

最近爱上了看言情小说，怎么办？

青春期女孩的来信

张昕老师、白鹿老师：

你们好！

我叫妍妍，今年上初三。我最近迷上了看言情小说，感觉自己有点脱离现实世界了。

我的家庭关系不和谐，爸爸好吃懒做，每天不是钓鱼就是下棋，妈妈一直在外面忙，偶尔回来一趟也总是发脾气。总之，他们俩都不太管我，对我的管教属于放养型的。我比较内向，没什么朋友，平时只能在小说中找到一点情感上的慰藉。

上初中后，我接触到了言情小说，简直像是打开了新世界的大门。小说中男女主角曲折离奇的经历，误会时的痛彻心扉，爱而不得的缠绵悱恻，让我体验到了前所未有的"销魂"。我经常因为看小说忘记了吃饭和睡觉，眼睛也近视了，成绩也下降了。更可怕的是，每次在现实中遇到挫折和困难，我想的不是解决，而是躲回言情小说里去找我的"霸道总裁"。

我好像对现实世界的接受能力也变差了，周围的人在我眼中变得冰冷无趣，我的性格也变得越发孤僻，却又渴望着哪天有个白马王子从天而降，将我从虚无中拯救出来。老师，我是不是病了？我该怎么办？

妍妍

解忧信箱

妍妍：

你好！

爱看小说这本身并不是坏事，适当阅读有助于缓解身心疲劳。尤其是现在的网络小说“爽点”密集，而且故事设定让人很有代入感，有很好的放松减压作用。多看一些高质量的小说，也有助于提升文学鉴赏水平，丰富想象力，提升文笔。

但沉迷小说就不一样了，这不仅会影响身体健康，还会让你分不清想象和现实，严重的还会产生厌世情绪。很多网络言情小说可能会误导你的价值观，让你以为爱情只要经历波折就一定会迎来好结果，让你以为男人轻视你、怠慢你、不尊重你，甚至羞辱你、虐待你，都是因为他当时不够爱，他不懂自己的心，或是他爱而不得，而不是因为这个人本身人品有问题。

你现在的症状，其实就是看小说成瘾了。因为你缺乏家人朋友的关爱和陪伴，所以你感到孤独、焦虑、悲伤。你发现言情小说能有效缓解这些痛苦，于是越来越依赖它。可以说，成瘾行为的根源都是想要逃避心理痛苦。

我们大脑中有一种提供快感的神经递质叫“多巴胺”。为了逃避痛苦，我们会追求获得大量多巴胺的行为：比如吃甜食、打游戏、看小说……但如果多巴胺分泌多了，大脑就会减少对多巴胺的吸收。这样一来，你对过去同样程度的刺激就“耐受”了，需要去寻求更多更持续的刺激，“成瘾”就产生了。

而且更糟糕的是，“成瘾”一旦形成，当你停止这些行为时，大脑就会让你再次感受到和过去的快乐相同程度的痛苦，这些痛苦会刺激你继续追求更多的多巴胺，这就是成瘾行为难以戒断的原因。

虽然你看小说是为了逃避现实生活中的痛苦，但小说帮你避开焦虑的同时，也避开了破茧成蝶的成长机会。你用逃避现实的方式来对抗痛苦，效果终究是短暂的。解决痛苦的根本方式，还是得去解决现实中的痛苦源头。你无法选择父母，但要相信自己仍有自救的能力和机会。

我建议你现在就关闭各种言情小说的推送设置，让大数据忘记你的喜好，最重要的是，你自己也要克制。多参加户外运动，哪怕是在公园里散散步也行，找到其他的兴趣爱好来代替看言情小说。实在想看爱情小说，不如去看一些世界名著，去体验不同的爱情观，而不是千篇一律的“霸总”文。爱情本是锦上添花，女性也无须等待“霸道总裁”的救赎。

你的解忧老师

青春期行动指南

怎么样才能不迷恋言情小说?

①和言情小说隔开距离。

卸载各种小说应用软件，屏蔽言情小说的推送渠道。坚持一段时间，让大数据忘记你的用户习惯喜好。最重要的是，让你自己也摒弃这个喜好。

②参加户外活动，用其他兴趣代替看言情小说。

可以选择出门打打球、跑跑步，如果体育不好，在公园散散步也行。总的来说，一定要注意培养自己的其他兴趣爱好，来摆脱现在看言情小说成瘾的状态。

③用世界名著代替言情小说。

网络言情小说往往精准契合用户的“痒点”，它常常是直戳人心的“爽文”，但是其中的爱情观却千篇一律。如果实在爱看爱情小说，也可以用世界名著来代替，接触不同的爱情观和世界观。与其成为幻想中的“爽文”女主，不如在文学世界中认识更多鲜活的角色。

考试前一晚总是失眠，怎么办？

青春期女孩的来信

张昕老师、白鹿老师：

你们好！

我叫小优，是一名高一的女生。我的成绩一向还算可以，但这学期以来，我在考试前一晚总是会感到心慌、焦虑，整晚整晚地失眠。明明身体很疲倦，但是躺到床上就是睡不着。

爸妈知道我这个情况后，跟我说睡眠不足会影响大脑，影响考试发挥，叫我考前一定要早点睡，不要胡思乱想。我爸还找了很多“晚睡对大脑有损害”的相关文章给我看。

但我一闭上眼睛，脑子里全是杂音，我甚至都烦躁得想撞墙。有时候迷迷糊糊都快睡着了，突然觉得心脏一阵阵狂跳，就惊醒过来。早晨起床后，我感觉气都喘不过来，阳光变得格外刺眼，早饭也变得难以下咽，但我要是不吃，妈妈是不会答应的，紧接着又责怪我晚上不好好睡觉。

考试的时候，我觉得自己精神恍惚，有时甚至一边哭一边考，觉得自己这次肯定考不好了。就算之后的分数意外地还可以，但下一次，我还是会不可避免地再次陷入焦虑中并失眠。

我尝试了网上说的很多方法，喝牛奶，泡脚，也吃过一些安神的东西，但用处都不大。我不知道还能怎么办。

烦躁的小优

解忧信箱

小优：

你好！

考试前紧张得睡不着，也是人之常情，不必把结果想得太可怕。当年我们年级的高考状元，高考那几天没有一天睡好的，还不是照样考了第一名，没关系的。

偶尔失眠本身不是大问题，问题在于对“睡好”这件事的执着。临床心理学的研究表明，引发失眠的重要心理因素包括“消极的睡眠信念”和“睡眠期望”——对睡眠过度关注或担忧，反而更加影响睡眠质量。具体可能表现为：越逼着自己睡，越睡不着，于是恐惧和焦虑加重，导致失眠更严重。这样恶性循环下来，问题就不仅仅是失眠了，而是对失眠的害怕引起的抑郁和焦虑了。

如果我们过分看重饮食、睡眠对考试的作用，甚至矫枉过正，产生焦虑，给自己制造恐慌，把偶尔吃不好、睡不好看成天大的问题，而忽视了情绪健康，那便是本末倒置了。情绪内耗会占用脑部的大量认知资源，导致注意力、思考力、判断力和记忆力下降，反而使人无法在考试中发挥出真实水平。

有能保持充足睡眠的机会，当然要好好休息，但如果实在睡不着也不要太把失眠当回事，偶尔失眠没什么大不了的，不会对你的学习水平产生本质上的影响。根据我当老师的经验来看，就算睡得好，考试时该不会的还是不会；就算整晚没睡好，考试时该会的还是会。如果睡不着，还抱着“必须得睡好”的执念，给自己加上另一重思想包袱，那就完全没必要了。

我这么说并不是认为失眠对人没有坏处，我当然知道晚睡对青少年的身体健康不好。但不要忽略了这一点：良好的压力应对和情绪调节能力对青少年来说更重要。如果因为睡眠期望较高引起“失眠焦虑”，反而会因压力过大而使交感神经兴奋性增加，更容易导致失眠、神经衰弱等问题，长此以往恶性循环，还有可能引起烦躁、易怒、焦虑、抑郁等情绪障碍。

所以，如果你睡不着，不如起来看会儿书，或者听会儿相声，转移一下注意力，松弛了情绪，缓解了压力，说不定反而能睡着。就算睡不着也算是发挥了这段时间的价值，而不是把它用在瞎担心“睡不着就会怎样”上。

另外，中学生往往因为学习任务繁重，所以存在脑力活动过多而体力活动不足的情况。身体不够累而大脑又过于兴奋，这可能也是导致失眠的一个重要原因。所以，建议白天适当进行体育锻炼，增大运动量，给大脑多一些放空的时间，这也有助于晚上的睡眠。

你的解忧老师

青春期行动指南

考试前一晚，怎么样才能不失眠？

1 停止夸大失眠的后果。

任何“危害”也只是说发生的可能性稍微大一点，并不是百分百会发生坏结果。所以，我们不要自己吓自己，让自己陷入被放大了的焦虑和恐惧中。

2 尝试改善睡眠的方法。

按摩、适度运动、正念冥想，或者起来看书看题，听会儿故事或音乐，不要抱着必须睡觉的念头，转移一下注意力，松弛了情绪后，反而能睡着。

3 前往正规医院求诊。

如果实在失眠严重，可以去正规医院的睡眠门诊，在医生的指导下进行积极治疗。

4 全然地自我接纳。

保持良好乐观的情绪，顺其自然。严重焦虑的人，最大的问题往往就是夸大了失败的后果。其实，一晚上没睡好也不会怎么样，不要把 1% 的担忧放大成 100% 的恐惧。

你相信什么，就能为自己的生活创造什么。

第七章 网络安全

网友约我见面，要不要去？

青春期女孩的来信

张昕老师、白鹿老师：

你们好！

我叫伊萌，是一名初三的女孩。最近我有一件很纠结的事情，那就是我的网友约我见面，我要不要去呢？

我和他是在学习论坛里认识的，我们两个从一开始一起聊学习，到后来聊电影、聊生活、聊爱好，可以说已经成了无话不谈的好朋友。他让我觉得很放松，有一种暂时脱离了平时烦闷的学习的解压感。

最近，他提出了想和我在线下见面，想从网友发展成真正的好朋友，我还没想好要不要答应他。

我们班上好多同学都在聊网友，其中也有不少人见面了。有的人跟我说千万不要见面，会“滤镜”全碎；也有的人说很好玩，收获了和现实生活中完全不同的友情。家里的长辈们有时候聊起网友，也都是持否定的态度，让我有点想打退堂鼓。

那我现在到底要不要去呢？希望您给点建议。

伊萌

解忧信箱

伊萌：

你好！

首先，我很能理解你长辈的心情，如果我有一个上初中的女儿，那么我肯定也是万分不放心她和异性网友线下见面的。

当然，这并不是说网络友谊就一定都是坏的。网络社交是一种新兴的社交模式，网络友谊与传统线下友谊其实有共同之处，那就是社会心理学中常说的“接近性”原则。那些在网络上和你成为朋友的人，很有可能在线下也能与你成为朋友，因为你们一定是有共同的兴趣爱好、接近的价值观、类似的生活经历等，才有可能在网络上聊得来。

但同时，网络与传统线下社交又有一个很大的区别，那就是社交对象的匿名性。你无法获知对方的真实身份信息，这就给交往带来了一定的风险，尤其是要将交往从虚拟转到现实中的时候。

相关调查报告显示，青少年更容易遇到网络欺诈，因为他们比成年人更缺乏识别技巧。英国有一项研究发现，十五六岁的青少年会对他人表现出更多的信任，也更容易受到别有用心的人的欺骗。我想你长辈对此的否定态度，其实也是害怕你因此受到伤害。

即使你能够确定对方不是网络欺诈，而是正常的网络交友，那见面的时候也需要做好心理准备。因为在网上沟通时，我们都会对自己进行美化后再展示；同理，在看待别人时，我们也会自动给其加上一层“滤镜”。但有时人的性格、人品、谈吐、修养……这些在网络上是看不出来的。

所以，如果你发现跟某人在网络上很聊得来，见面了却很尴尬，没什么话说，甚至话不投机，不欢而散，这也是有可能的，不用太影响自己的心情。

当然，网友见面也不一定就是不好的事情。老师当年上大学的时候，就有过一群有共同爱好的网友，大家在聊熟了之后，就一起约过几次大型的线下见面会，其中有些人到现在还是朋友呢。

总之，网友见面一定要在确保自己安全的前提下进行，最好是等到你成年以后，因为那时候你的识别判断能力会更强。如果你已经确定好了要见面，那么一定要约在公众场合，而且要有其他同伴结伴前往。坚决不要和对方去郊外、山林、树丛或者酒吧、夜店、宾馆、对方家中等地方，谨防抢劫、拐卖、性侵等诸多图谋不轨的情况。

如果现在就想见面，那一定要让爸爸妈妈知道，要经过父母的同意，最好是在他们的监护下去做这件事。

你的解忧老师

青春期行动指南

要不要见网友？

① 要学会识别好坏、真假。

网络具有匿名性，而且对方可以伪装、美化，我们不要被网络上对方展现的美好形象蒙蔽了双眼，要尽量从多个方面了解对方。一旦发现有不对劲的地方，一定要及时止损，保护好自己。

② 要做好失望的心理准备。

你们之间是否能成为朋友，仅靠在网上聊得来是不够的。良好健康的友情除了语言交流和情绪价值，还包含了默契、宽容、共享经历、支持、互惠、信任等诸多元素，是要在经历过深层次的相处之后才能形成的。所以，网友见面后有可能实际情况不尽如人意，也要做好心理准备。

③ 网友见面要在确保安全的情况下进行。

友谊在青少年看来确实很重要，但也需要小心。我建议如果真的要见面，一定要及时告诉家长，要征得家长的同意，让家长了解你的行踪、在和什么人接触，要把自己的安全放在第一位。第一次见面可以多与几个朋友一起，约在公众场合，甚至可以请家长陪同。

陷入网恋的我，到底该何去何从？

青春期女孩的来信

张昕老师、白鹿老师：

你们好！

我叫雅瑶，今年上高一。我有一个网恋对象，我现在对他十分迷恋。他不仅长得帅，有才华，还非常绅士、幽默、体贴、成熟，和我们班上那些男生完全不同。我们通过几次电话，他的声音充满磁性，低沉又温柔。

他的工作很忙，但总会抽出时间来陪我说一些不为外人知道的心里话。有时候他工作不顺心，会打电话和我倾诉，他会把心底的压抑通过哭发泄出来，在我面前展现他脆弱的一面，他对我毫无保留。

认识他之后，我天天魂不守舍的，对他的思念如同沸腾的水一样满溢。一有时间我就不停地翻看他的朋友圈，想要从中寻找他日常生活的蛛丝马迹。我无数次在脑海中想象和他相见的场景，哪怕是在课堂上。我相信这不是我一厢情愿，我相信我们能跨越山河大海，双向奔赴。我也时常思考：我和他的未来该何去何从呢？

我们素未谋面，我却对他如此着迷，我是不是疯了？

雅瑶

解忧信箱

雅瑶：

你好！

你都还没有见过他，就对他如此着迷，这说明你恋的其实不是真实的他，**你恋上的是你的想象。**这在心理学上可以用**“投射效应”来解释，指的是你会将自己的特点、喜好、感情、意志等加在对方身上，这是一种推己及人的认知方式。**

网恋之所以让人无法自拔，一方面，是因为它的匿名性和伪装性，对方展现出来的也许**并非他的“真实自我”，**而是**经过包装的“理想自我”；**另一方面，人们又用自己的想象力给对方加上了一层滤镜，因为朦胧所以美丽。当这么一个经过双重滤镜包装的形象来到你面前时，怎会不完美、不令人心驰神往呢？就像经过精心包装的“网红”在美颜滤镜下总是格外迷人。

虽然网络交友方式确实在一定程度上提高了青少年的社会连接性，但国内的相关科学研究结果表明，网络交友并没有起到预期中的“增加社会连接性而降低孤独感，缓解焦虑或是抑郁的情绪”的作用。相反，**依赖网络恋爱交友的人在现实中往往更加自卑、孤独，他们的自我价值感通常较低。**

无独有偶，美国也有研究发现：在美国大学生中，定期使用线上交友软件的人比不使用的人群更加低自尊、身体形象问题更多，不论男生女生，都存在对自身不满意、容貌焦虑等问题。也许正是因为如此，他们更愿意将情感寄托在看不见摸不着的网络中。

如果你在现实世界中是一个独来独往、有点自卑、不善交友的人，那么网络交际确实可以作为你人际连接的很好的补充，但千万不要把所有的精神寄托都放在这一个出口上。网恋的美好很大程度上来源于自己的想象，这也在无形中给了自己很大的期望。但当这种想象落空之后，往往会造成失落、焦虑、抑郁、自我怀疑等心理状况。所以，我们可以适当降低期望，仅仅将对方当成一个分享趣事、吐露心事的线上好友就好了，千万不要将其视为精神支柱，否则很容易造成精神崩塌。

更让人担心的是，你还有可能被别有用心的人钻了情感的空子，陷入“网络诈骗”“骗财骗色”的圈套。绝大多数网络欺诈的案件中，骗子抓住的都是受害人“情感需求得不到满足”的心理。

网络交往只是人际连接的一种方式而已，这种方式本身并没有错。你想要追求美好的爱情，这一点老师也很能理解。但网恋背后也是有风险的，你很难保证不会有人利用网络的便利性来达到不轨的目的。

你的解忧老师

青春期行动指南

我陷入网恋了，我该怎么办？

① 网络交际可以，但要谨防受骗。

网络交际这种方式本身并没有错，但要谨慎对待网络交友。谨记网络交友有风险，千万不要给对方汇钱，更不要答应去对方家里、宾馆、酒吧等地方。

② 降低对网络交友的期望值。

我们可以仅仅将对方当成一个分享趣事、吐露心事的线上好友，千万不要将其视为精神支柱，否则很容易因为期待过高而带来更大的失望，造成失落、焦虑、抑郁、自我怀疑等情绪困扰。

③ 增加现实的人际连接。

沉迷于网络交友，往往是源于现实世界提供给你的亲密感和支持感不够，所以你宁可去信任或依恋一个网络上虚拟的、没有见过面的人。建议还是让一些真实的“活人”进入你的核心社交圈，这样也有益于身心健康的发展。

我是网购上瘾了吗？

青春期女孩的来信

张昕老师、白鹿老师：

你们好！

我叫媛媛，是一个高三的女生。我觉得自己好像生病了，生了“不网购就难受”的病。

我经常在各种购物平台浏览、下单，买各种衣服、鞋子、包包、首饰、文具、玩具……然后每天期待着快递的到来。拆快递的瞬间，我的心情就像拆礼物一样，内心得到了极大的满足。

但问题是，这些东西买回来之后，我很快就不喜欢了。有些衣服穿了两次就束之高阁，有些包买回来一次都没有背过，甚至吊牌都没摘，我就心痒痒地看上另一个包了。

我看到很多购物平台都有计算你每年消费金额的功能，我根本都不敢去算，因为我知道肯定不是个小数目。我经常买完就后悔，觉得自己浪费了钱，有时候我甚至需要将吃饭的开支节省下来买我喜欢的包。现在东西越买越多，看着满屋子堆积如山的物品，我并没有打开来用的欲望，但还是抑制不住手痒，还想继续买买买。我这是不是网购上瘾了？

媛媛

解忧信箱

媛媛：

你好！

你的消费欲望我很能理解，年轻人本来就更喜欢追求时尚和个性的生活，而初中生又正处于一个学习任务繁重的阶段，有着巨大的压力和竞争，那么此时通过消费来享受时尚潮流和新产品，无疑是一种释放压力、放松身心的重要方式。

尤其是现在网购非常方便，足不出户、动动手指就能买到自己心仪的商品。加上琳琅满目的商品不断刺激着我们的购买欲，所以我们很容易过度消费，甚至依靠借贷来超前消费。

但如果任由欲望操控自己，那就陷入"多巴胺陷阱"了。多巴胺是大脑中重要的神经递质，当我们享受着来自欲望满足的愉悦刺激时，会引起大脑中多巴胺的大量分泌，使得我们沉浸于这种由多巴胺带来的快感中。例如，买了一双梦寐以求的鞋可以开心很久。

但坏消息是，我们对于快感的要求会随着愉悦刺激的积累越来越高——原来买一双新鞋能让你兴奋很久，那种快乐和满足会让你暂时忘了生活中的烦恼和焦虑，但后来，再买一双新鞋就会觉得索然无味了。这时你就需要加大刺激，可能一个更贵的东西才会让你再次感受到同样的兴奋——这也是各类"成瘾"问题发生的内在机制。

而且更为"要命"的是，网购的快乐，总是在

"银货两讫"的那一刻达到巅峰。埃默里大学的神经和行为心理学家格雷戈里·伯恩斯在研究消费行为时指出，购物行为发生时，多巴胺的分泌量会随着想要购买的欲望的增加而逐渐上升，在完成支付行为的那一刻达到顶点，购物完成后，多巴胺分泌便一路下降，直至一个较为平稳的低点。

也就是说，大脑在期待的过程中，分泌的多巴胺其实是最多的。我们享受的不是购买回来的物品，而是追求购买行为的过程。这也就是你买回来一大堆衣服、鞋子、包却不太用，转头又想再去买下一件的原因。

我认为，有物欲本身很正常。如果能够对物质欲望进行良性引导，学会做欲望的主人，寻找替代行为（比如，用运动、阅读或学习来替代网购上瘾）。反之，如果掌控不了自己的需求，则会成为欲望的奴隶。比如，有些人为了买包去借"校园贷"甚至"裸贷"。切记，千万不可受欲望蛊惑通过借贷来购物，一旦误入歧途，那就是踏入了万劫不复的深渊，到那时候恐怕连父母也帮不了你了。

更重要的是，你需要找到自己匮乏感的来源，是因为低自尊，还是缺爱、缺乏安全感等，否则内在的空洞填不上，其他的戒断手段也只是治标不治本。

你的解忧老师

青春期行动指南

我好像网购上瘾了，怎么才能戒掉?

1 拒绝被商家“套路”。

要学会管理自己的财务，正确评估自己的经济能力。千万不要被商家宣传“洗脑”，觉得“这双鞋，女生必须拥有”“用这种手机才够高端”，从而购买一些超出自己经济能力范围的东西。

2 要明白购物前的快乐其实来自你的脑补。

比如你看到海报中某件大衣穿在某个明星身上显得优雅又慵懒，你就会立刻脑补穿在自己身上的效果，自己也会拥有这样的气质和感觉。而购买回来后，你发现并没有达到自己想象中的效果，这种快乐就会逐渐消失。

3 找出内在匮乏的根源。

疯狂购物的人是在试图通过物质上的丰盈感来填补自己内在的匮乏感。所以只有明白自己为什么会有这种匮乏感，才能从根本上解决问题。比如是因为低自尊、虚荣心强，喜欢通过与他人攀比来表现自己的优越感，那你就需要端正自己的思想，可以尝试将攀比转移到其他好的方面（如努力学习，在学习上超越他人）。

网上找兼职，被骗了钱，怎么办？

青春期女孩的来信

张昕老师、白鹿老师：

你们好！

我叫莎莎，是一名高三的女生。我最近很郁闷，因为我好像被骗了。之前我有朋友跟我说，寒假想赚零花钱的话可以去网上兼职“刷单”。比如给人家的作品点赞，一个赞给 2 块钱，或者垫付 100 块钱返 130 块钱，或者帮忙支付宝转账刷流水，轻轻松松就有钱赚，而且时间自由，随便什么时候刷都可以。

看到有朋友赚到了钱，于是我就跟着加了一个人的微信，他发来一个链接，让我下载一个软件，以后就用这个软件操作。他还给我提供了各类证件，说这个活动都是合规的。

一开始确实是赚到钱了，我给他们刷 100 块，他们连本带利返给我 130 块。但在我给他们打过去 1000 块钱之后，那边说系统出故障了，让我赶紧再转 10000 块钱过去解冻，这时我才隐隐觉得我好像被骗了。

我现在不知道要不要再给他们转钱了，转钱的话我有点不太敢了，而且我也确实拿不出来这么多钱。但是不给他们转钱的话，我之前打过去的 1000 块钱就没法解冻了，那是不是就彻底拿不回来了？我现在应该怎么办呢？

莎莎

解忧信箱

莎莎：

你好！

首先，我可以明确地告诉你：这不是什么网络兼职，这就是诈骗。骗子先是散布虚假兼职信息，就像你说的帮作品点赞，或者让你帮忙转账垫付回头再给你返利等形式，以“工作轻松，报酬丰厚”为诱饵诱骗你刷单，再以“系统故障、网络冻结”等借口，号称要再“充值”一笔钱才能“激活提现”，等到你血本无归的时候，他们早就卷款跑路了。

你可能会说：“我帮他们垫个一两次款，赚点小钱见好就收，就不会被骗吧？”但这种侥幸心理会让你一直冒险，结果可能会越陷越深。

这背后的心理学解释就是“登门槛效应”，指的是一个人如果最初接受了他人一个比较小的请求，为了避免在他人心中留下前后不一致的印象，就有可能接受更大的要求。有心理学家做过这样一个有趣的实验：他们先是请求一些家庭主妇，将一个小招牌挂在其窗户上，她们答应了。过了半个月，实验者再次登门，请求她们将一个又大又丑的招牌放在庭院内。同时，实验者也向以前没有放过小招牌的家庭主妇提出同样的请求。结果前者有 55% 的人同意，而后者只有不到 17% 的人同意，前者是后者的 3 倍多。

这个著名的“登门槛效应”，我觉得也可以入乡随俗地把它叫作“得寸进尺效应”。“刷单”诈骗之所以这么多人上当，就是因为如果你这次答应帮他垫款 100 块钱，那么下次就有可能帮他垫款 1000 块钱，再下次就可能帮他垫款 10000 块钱。

另外还有一个心理学理论叫作“沉没成本”，如果你已经付出心血和金钱，已经在此类活动中投入了成本，当然希望获得回报，至少不希望这笔钱因为系统“故障”取不出来而白扔出去，于是就会一步步顺着骗子的要求，再进行“充值”来“激活”系统，投入更多的钱，直至血本无归。

另外，除了钱财被骗之外，像“帮忙”转账、垫付这类行为还有违法的风险。根据警方提示，在一些“洗钱型”刷单中，不法分子会将诈骗、赌博、非法集资等违法犯罪行为所得的非法收入“洗”成日常流水，披上合法外衣。

很可能在你还懵然不知时，受害人的钱财就通过你的账户进行转移了。这可能会导致你的银行卡账户被冻结、被限制使用、影响个人征信，甚至你还可能面临担负刑事责任。

所以，想通过“刷单”这类网络兼职来赚零花钱的做法相当不靠谱，老师建议你立刻远离他们。而且你最好把这事告诉爸妈，保留好相关证据，比如各种聊天记录、转账记录等等，然后报警或咨询律师，看看能不能尽量挽回一些损失。

你的解忧老师

青春期行动指南

我被网络兼职骗钱了，该怎么办？

1 赚零花钱要通过正当渠道。

比如去帮爸妈干一些力所能及的家务活来换取“酬劳”。如果水平能力够的话，还可以写作投稿、做翻译、画插画等。但我建议中学生还是以打好学习基础为主，赚零花钱的事可以等到大学以后再做。

2 摒除沉没成本的影响。

如果你已经意识到不对，就要及时止损，立刻停止投入。千万别想着：已经投进去 1000 块钱了，如果我不再转 10000 块钱，那 1000 块钱就彻底没有了。你要明白骗子没有那么好心，骗到手的钱不可能往回吐的。损失 1000 块钱总比损失 11000 块钱好。

3 遇到可疑情况，要汇报给家长和老师。

“刷单”类诈骗目前在网络诈骗中是发案率最高的。而且值得我们注意的是，在学生群体被骗的案件中，这种诈骗形式占比很大。所以我们未成年人更应该提高警惕，一旦发现不对劲，要立刻告诉家长、老师，必要时可以报警寻求帮助。

上网时刷到“羞羞图”总好奇想看，怎么办？

青春期女孩的来信

张昕老师、白鹿老师：

你们好！

我叫然然，今年上初三了。我觉得自己变坏了，因为我老是对“那方面”乱七八糟的事情充满了好奇心……

前几天我用平板电脑玩游戏，结果突然跳转到了奇怪的网页，里面显示的是那种“羞羞”的图，闪来闪去的让人眼花缭乱，图上的“男女主角”看得我脸红心跳，感觉世界观整个被颠覆了。

我生活的环境一直很单纯，爸爸妈妈从来不跟我说有关男女的事情，所以我从来都不知道人类竟然还可以这样……这几天我好像犯病了似的，在班上看到男同学、女同学，甚至男老师、女老师，我都会开始忍不住想象他们衣服下面的身体是什么样子的。在大街上看到情侣、夫妻，我也会想象，天呐，他们也会像图片上那样“羞羞”吗……

老师，我是不是心理有毛病？我是不是一个思想特别龌龊的坏女孩？我感到深深的羞愧，可又控制不住自己，看到那些“羞羞”图还是忍不住好奇想点进去，我该怎么办？

然然

解忧信箱

然然：

你好！

进入青春期，我们会对与“性”有关的内容产生好奇心，这是非常正常的。性心理的萌发包括对异性身体、自己身体产生好奇，对性行为有探索、了解的欲望，这其实算不上是什么“心理问题”，也没有必要感到羞耻、愧疚。

但这可能也反映出你成长过程中性教育的缺失。尤其是处在我们的传统文化中，更让我们羞于和女性谈论“性”，认为女性是没有性需求的，女性产生性好奇是不道德的。如你所说，正因为你的生活环境太过“单纯”，获得性知识的正规渠道比较少，只在学校学习过一些关于性教育的知识，所以你看见这些色情网站、色情小说时会感到好奇。

对“羞羞”图产生好奇心实在不是什么大不了的事，也谈不上肮脏、龌龊。但此类网站为非法网站，带有病毒和大量不良信息，青少年可能因为缺乏足够的判断力和自我保护能力而陷入危险境地，会对身心健康、信息和财产安全等造成威胁。并且浏览此类网站还存在法律风险，如果进一步分享这些内容，可能会触犯法律，如传播淫秽物品罪等。所以不要轻易点击陌生链接，出现意外情况时应及时下线。

同时我希望你了解一点，这类图片、视频中的性行为很多都是为了吸引人眼球而进行了夸张、扭曲的演绎，与现实情况还是有很大区别的。你还小，世界观还未完全形成，我担心你可能会被误导，误以为现实世界的性行为甚至爱情就应该是这样的。

这种误导可能会带来两种后果：一、被动接受这类设定，将来受到不尊重的对待，还误以为是一种正常的行为。二、承受不了这种夸张扭曲画面的冲击，因此对异性和性行为产生恐惧、厌恶心理。

健康的性行为，应该是以爱和尊重为前提的，是以照顾双方感受为基础的，而不是图中那些夸张博眼球的行为。我们有自己的灵魂，对自己的身体有绝对的主导权，不要为了取悦任何人而去模仿那些色情图片和视频中的行为，更不可为了“爱情”答应对方拍摄这类图片和视频。

越是没有健康的渠道去了解性知识，就越容易产生不安全的性行为。因此我们不必羞于面对自己生理和心理的变化，也不用否认自己对异性的好奇和渴望。我建议你到正规的书店或平台购买正规出版的科普书籍来了解性知识，青春期的孩子应该被允许了解自己、探索自己，才能学会更好地保护自己、尊重自己。

你的解忧老师

青春期行动指南

我很想看网上的“羞羞”图，要怎么改变？

① 正视自己的性心理变化。

正视自己青春期的生理和心理变化，不必羞于面对自己的欲望，也不必否认对异性的好奇和渴望。这些是很正常的现象，可以通过正确的方式来了解自己、探索自己。

② 接受正规的性教育。

可以在正规的书店或平台购买科普书籍来正确地了解性知识。比如，了解男女的生理结构、如何避孕、如何预防性侵等必要常识。

③ 多做户外运动，转移注意力。

如果感觉自己过度沉溺于性幻想，甚至已经影响到正常的学习和生活了，可以尝试多进行户外运动，比如通过爬山、踏青、骑车等方式来转移注意力。

网上的键盘侠攻击我，我要如何反击？

青春期女孩的来信

张昕老师、白鹿老师：

你们好！

我叫可欣，今年上初二。我被网上的键盘侠网暴了，起因是我在自己的社交账号上发了一张照片，是我喝奶茶时的一张自拍照，配文“奶茶喝多了，长痘痘了”。

结果不知道是哪个关键词带来了流量，突然就有了很多浏览量，还有很多人骂我：“小小年纪，茶言茶语。”“碰瓷奶茶妹妹吧，可惜差远了。”“喝什么奶茶，你自己不就是绿茶吗？”“现在中学生就这么浪了，让我一个大学生都自愧不如。”

而且，有些评论可能是因为带有脏话被系统删除了，结果他们还私信骂我：“既然发到网上来，就要做好被别人评价的准备，有本事别删评论。”我气得崩溃大哭，两个晚上没睡着，通宵跟他们解释：我没有想“茶言茶语”，我没有删评论，我没有……

我好朋友说我是吃饱了撑的，搭理那些键盘侠干什么……可我想说，板子不打到自己身上是不会觉得痛的！我就是好气，我要如何反击他们？

可欣

解忧信箱

可欣：

你好！

我非常理解你此刻的愤怒——因为常做网络科普的缘故，我很熟悉被网暴的流程，所以也很能体会你的感受。我们第一次被大规模“网暴”的时候，也是像你这样失眠，通宵反复和他们讲道理、解释……但后来终于明白了：他们并不想了解你在表达什么，他们只是想使用精神暴力去霸凌别人。

因为施暴者并不是善意地要帮助他人，他们就是为了心安理得地欺负人，才打着伸张正义的大旗跳出来的。网络暴力是高速信息化时代下以网络为媒介的一种暴力行为，和家庭暴力、校园暴力、街头暴力等其他各种暴力一样，本质就是恃强凌弱。

可能有人认为网络暴力不是真实的拳脚，不能对人造成伤害。但其实，网络暴力对人的身心危害不容小觑，会让受害者产生失眠、厌食、焦虑、抑郁、挫败感、被抛弃感、负罪感、自我怀疑等症状……甚至，网暴致人抑郁自杀的事件时有发生。网络施暴者就像蝗虫，一只两只可能成不了气候，但一旦成群结队起来，那会给受害者带来灭顶之灾。

究竟要怎么避免网络暴力给自己造成伤害？

首先，如果要迎战，就不要一头钻进对方的逻辑里自证，否则就如同落入他们布好的陷阱。因为对方就是利用你急于自证的心理，抛出一个离谱的攻击作为诱饵，将你诱捕进入他的罗网，看到你在陷阱里挣扎、遍体鳞伤，他们就会达到目的，心满意足地扬长而去。

所以我们不要把话题集中在自己身上，自证“我没有……”，而是要把话题引到对方身上去，比如“你肯定……”，要求对方自证。

例如：“现在中学生就这么浪了，让我一个大学生都自愧不如。”

（回复）“你是大学生啊？不可能。除非你晒学生证。”

记住，不管对方怎么发散，发散多远，永远不要跟随着他发散的细节去辩论、解释，而是蹲守原地，坚持你原来的主张。这一点不光是吵架，在谈判中也适用。

不过，最简单也是最根本解决问题的方法，你也许没想到——就是删除、拉黑，关闭电脑。大道至简，其实只要你不听、不看，键盘侠就伤害不了你。将在网络上和人吵架的时间，用在看书、思考上，你就能远离一切给自己造成焦虑、抑郁等负面能量的困扰，并逐渐建立起强大的内心。

你的解忧老师

青春期行动指南

如何应对网络键盘侠的恶意中伤?

1 只要不生气，吵架怎么都是赢。

很多善良或较真的人有个软肋：脸皮薄。这类人一旦遭到别人的指责恶评就容易有情绪。有了情绪，比如生气、愤怒、委屈等，就容易被对方带动，落入对方的攻击圈套中。

2 了解对方的心理，明白他们表达的内容不重要。

了解网络施暴者的情绪心理，目的并不是要去原谅他们、认同他们，而是要知道他们选择攻击别人的根源是他们自己存在坏情绪、坏思想，而非我们哪里做得不好。清楚这一点之后，那他们表达的任何内容就都不重要了，我们就不容易进入对方的逻辑去自证。

3 关掉电脑，他们就无法伤害你。

他们伤害你的机会，只存在于你打开电脑和他们对话的时刻，所以只要你不听、不看，键盘侠就伤害不了你。我们与其将大量时间用在网络上和人吵架、生气，倒不如多看书、多做户外运动，远离一切负能量。

识别美丽诱惑，拥抱青春无限可能。

第八章
亲子关系
不许去演唱会！

要怎么让爸妈理解“追星”对我的意义？

青春期女孩的来信

张昕老师、白鹿老师：

你们好！

我叫丽丽，是一名初三的学生。我现在和爸妈有一个很大的矛盾，那就是我喜欢追星，但他们反对。我很喜欢一个歌手，他的综艺我都追过，他参加的节目我都会定闹钟准时观看，我做过关于他的手抄报和手账本，同学看到以后，都会夸赞我。

但是我爸妈特别烦我聊他的事情，每次我开口，他们就会说：“打住，我不想听这些无聊的东西。”他们特别鄙夷“饭圈”文化，认为追星都是不理智的、病态的。我爸说：“你们这些都是‘脑残粉’，追星追得跟得了精神病一样，你要是能把你做手账的心思用在学习上就好了。”

我妈甚至会“吃醋”，她说：“这个人有什么好的？他生你养你了吗？什么时候你对爸妈能像对他一样用心啊？”

我爱爸妈，和我爱这个歌手是不冲突的，这两种感情是不一样的。我知道，他没有生我养我，他也不认识我。但他对我来说是有重要意义的，他的歌声如同阳光一般灿烂而温暖，在我遭遇挫折和失败时治愈了我。老师，是不是大人都不追星啊？我怎么才能让爸妈明白追星对我的意义呢？

丽丽

解忧信箱

丽丽：

你好！

收到你的来信，我非常理解你，也理解你的父母。因为我现在是父母，曾经也是孩子。

谁说大人不追星啦，大人不也是从少年时过来的吗？每个年代的人都有他们崇拜的偶像，这是很多人都会经历的事情。

从社会心理学的角度来看，青少年追星是出于对权威形象或者美好形象的需求，每个人都需要有一个崇拜的对象成为自己的榜样。在青春期，青少年正处于他们过去认为的权威形象（如父母）被打破，而新的权威形象还没有建立的时期。在这样的转换期，外形好、才艺有亮点的演艺明星，或是斩获了许多奖项的体坛人物进入视野，追这种星就满足了他们对于榜样的需求。

追星这一行为，提供的其实是一种和年龄相关的认同感，其对粉丝产生的影响不仅体现在休闲娱乐方面，更体现在生活方式和价值观上，这能够创造出一种“精神力量”。

我能理解你父母的担心，因为一些不理智粉丝的不良甚至极端追星行为确实会给自己带来不好的影响。在很多人看来，年轻人狂热追星就是不对的，他们这种追星行为是应该被“纠正”的。但是，一竿子打翻一船人，一味地讽刺挖苦追星行为，也是一种偏见。

我觉得你可以试着去和父母对话，让父母看到追星对你产生的积极影响，让父母放心，他们所担心的那些不理智行为并没有发生在你身上。

我不清楚现在的年轻人是如何追星的，但我知道当年我们有人为了看懂歌词中的典故，自发组织读历史，读诗词；有人为了模仿和致敬偶像，去学钢琴、学吉他；还有人因为一个运动员，爱上一项运动，并关注各类相关的体育新闻，熟练掌握了此类运动的专业知识，而这些知识对她现在的工作有很大的帮助。在偶像成长的同时，我们也应该成长，有所收获。我觉得你爸妈如果看到这样积极正向的追星方式，也许就不会再反对。

你的解忧老师

青春期行动指南

爸妈反对我“追星”，要怎么和他们沟通？

1 不要因为追星影响正常生活。

不要因为追星耽误了自己的学习和人际交往，也不要因为追星而影响了和父母的情感沟通。

2 用积极的方式追星。

好的偶像，不仅能给人们带来正向的力量，有时候还能起到一种榜样和示范的作用。我们可以学习偶像坚持不懈练歌练琴的精神，也可以将追星作为精神动力去激励自己实现一些正向目标。比如，有人为了离偶像近一些，努力考进了名牌大学；还有人为了追星，获得了很多技能，对自己的事业也是大有帮助呢。

3 不要给父母强行“安利”自己的“偶像”。

要学会理解人和人有不同喜好。你喜欢某些明星，你可以和同样喜欢的人去交流。父母与你年龄不同，经历不同，喜好也会不同。你喜欢的，他们不喜欢也很正常，并不是你拼命分享和推荐，他们就会喜欢上。相反，你越是分享，他们会越反感。所以，你可以在自己的小圈子内进行分享和交流，不必要求父母同样喜欢。

父母总是什么都要管着我，让我很烦

青春期女孩的来信

张昕老师、白鹿老师：

你们好！

我叫盈盈，是一名高二的女生。最近我和父母的矛盾比较大，让我感到很痛苦。我承认，父母对我照顾得无微不至，按理说我应该感恩。可就是这个“无微不至”，现在让我觉得无比烦躁。

我已经这么大的人了，他们还是把我当婴儿似的处处管着我。我穿什么衣服、搭什么鞋子、怎么喝水、怎么用纸巾，他们都要管我；我参加什么活动，他们都要跟着。从我的学习到生活到业余爱好，都是他们安排，我自己做不了一点主。

最让我伤心的是这个五一假期，我们班上几个要好的同学计划一起去春游踏青，也有大人带队。我什么准备工作都做好了，可我爸妈因为没空跟着，说什么也不同意我去，还找了很多春游时发生意外的新闻给我看。看着同学们在朋友圈分享的春游照片，我忍不住躲在被窝里哭了，还和爸妈大吵了一架，他们说我“不知好歹”。我知道他们是为我好，可现在他们一管我，我就感到窒息，是我错了吗？

盈盈

解忧信箱

盈盈：

你好！

我非常理解你现在的痛苦，首先我要告诉你，这不是你的错。这并不是孩子“身在福中不知福”，不知好歹，因为在青少年探索人生的过程中，如果父母为孩子安排好一切，就会导致尝试被阻断，那孩子就可能出现种种情绪障碍甚至行为障碍，父母和孩子之间甚至会爆发强烈的亲子冲突。

在孩子成长的过程中，家长如果一味剥夺孩子探索未知事物的机会，将所有事物的发展都框定在预期之内，会导致什么样的后果呢？那就是孩子没有目标了，也不知道自己想成为什么样的人，也不知道自己会有什么样的未来，反正什么都听父母的安排好了。

太过严实的爱会将一个人向外扩张的生命力扼杀，剥夺其探索欲和愉悦感。父母包裹式的爱侵占了孩子的躯体，抽走了孩子的灵魂，但他们可能还不自知。

包办式的父母如果遇上服从性较强的孩子，也就是所谓“乖”孩子，表面上一家人的相处可能是岁月静好，但实际上孩子的内核可能已经被破坏了，他们早早关闭了找寻自我、忠于自我的通道，逐渐变麻木。根据埃里克森和玛西亚的理论，父母过度包办可能会影响孩子成年后的人格健康发展，后果包括但不限于：行为保守、墨守成规、缺乏主见、胆小怯懦，甚至会产生焦虑、抑郁、躁狂、自虐、自恋等情况。

而父母的大包大揽如果遇上主体性意识较强的孩子，比如盈盈你，可能会致使亲子关系陷入紧张对峙的状态，但这反而未必是坏事。因为这是孩子重新夺回人生方向盘、重新分配人生控制权的必经之路。

所以，虽然你现在和父母对抗，但我却认为这是好现象。因为首先，可以肯定父母是非常爱你、在乎你的；其次，你们之间已经意识到问题存在了，因此哪怕是吵架，也是一种沟通和反思的推动力，我相信你们之间的亲子相处会磨合出一个更融洽的方式来。

另外，你也可以争取机会向父母展现你的独立能力和自理能力，如果父母看到你将自己的生活打理得井井有条、能好好保护自己，相信他们也就会舍得放手了。如果你无法照顾好自己，父母肯定是不能放下心来“天高任鸟飞”的。

我建议你先和父母沟通，与他们建立起分寸感和边界感。另外，如果你已经出现严重的焦虑、抑郁，最好和父母一起接受专业的家庭心理咨询。

你的解忧老师

青春期行动指南

怎么样才能让父母少管我一点？

① 尽量和父母沟通，建立边界。

让父母意识到你已经长大了，不需要他们事无巨细地大包大揽了，要与他们建立起分寸感和边界感，如果他们越过了边界，就要接受你的“不知好歹”。

② 理解父母的担心，照顾好自己。

父母的包办源于对你的不信任，不相信你能照顾好自己。因此，我们就要向父母证明“我能”。当然，证明需要时间，所以你也需要给父母和自己一点耐心。

③ 劝说父母一起接受家庭咨询。

如果你已经出现了比较严重的焦虑、抑郁、情绪崩溃等情况，最好劝说父母和你一起接受专业心理医生的家庭咨询。亲子关系是相互的，如果他们不反思，只有你一个人努力是无法改变现状的。

妈妈翻我的书包、查我的手机，该怎么办？

青春期女孩的来信

张昕老师、白鹿老师：

你们好！

我叫美嘉，今年上高二。我现在快被我妈妈逼疯了，我都十七岁了，她还总是偷偷翻我的书包，查我的手机。

前天早上，我妈妈突然问我：“你书包里的新手机谁给你买的？”我说：“是你以前的旧手机呀，我看放在抽屉里闲置着就拿来用了。因为速度慢上不了网，我就用来听歌听故事，不会沉迷网络的。”接着，我抗议她侵犯了我的隐私，她却说：“我这都是为你好，我怕你被外面的人带坏了。”

她经常查我的聊天记录，偷看我的日记，翻我的书包、抽屉、衣柜，甚至连我的垃圾桶都翻。她不让我锁房间门，甚至还动过在我房间装监控的心思，被全家人劝阻才作罢。我感觉她总想把我监视在她眼皮子底下才放心。

没经历过的人也许无法体会这有多么憋屈，多么窒息。我妈妈为什么会这样对我？她难道不知道我也是有隐私的活人吗？面对这样的母亲我该怎么办？

美嘉

解忧信箱

美嘉：

你好！

我非常能理解你感受到的憋屈和窒息，这都是源自你母亲太过强烈的控制欲。她将关心、"为你好"和过界的操控混为一谈，挤占了你心里的安全空间却浑然不知。

父母对子女的控制，其实源自父母心理上的分离焦虑。分离焦虑原是指与有亲密关系的人，如父母、子女、爱人、朋友等，离别时产生焦虑、紧张、痛苦、拒绝、心烦意乱等症状的一种心理障碍。

在你描述的情况里，虽然物理空间上你和父母还没有分离，但是你在不断长大，需要在生活上、情感上和心理上与父母做切割。而你母亲接受不了孩子总是要独立的、要长大和远走高飞的必然结果，无法在心理上与你分离。

分离焦虑者总是要经过一个"对抗阶段"，小婴儿的反抗方式是哭闹，而作为强势方的成年人——父母，那就是加强对子女的控制。

控制型父母在面对子女独立时是痛苦而焦虑的，他们觉得孩子一旦脱离了他们的全方位监护，就会犯下不可挽回的错误，遭受不可预见的可怕伤害，这是一种"灾难化"思维，也是焦虑症患者很常见的一种认知扭曲。

所谓"灾难化"思维，就是产生了与事实严重不相符的担忧。原本只是一些平常的小事，他们看到后就想到严重的后果，且认为这种消极的后果一旦发生，就会引发无法控制的巨大灾难。比如，你只是用了一部妈妈没印象的手机，她就能想到这是哪个图谋不轨的人送给你的，想要诱惑你坠入堕落的深渊，害怕你被外面的人带坏了。

她将你当作毫无分析和判断能力的小孩，所以你接触到的一切信息，她都要亲自把关才能放心。但这种把控，会摧残你的自我判断能力和人生掌控感，可能导致你将来既过高估计消极后果发生的可能性，又过低估计自己应对消极后果的能力。所以，你感到窒息、想要反抗是正常的，也是正确的。

我建议你可以先尝试与母亲沟通，让她明白你是一个有独立意志和判断力的人，需要有自己的空间，希望她适当放手。如果她难以沟通，你目前可以做的是：一、尽量将自己的隐私物品收拾好，并附上“不要随便翻我东西”等提示语。二、化悲愤为动力，好好学习，让妈妈了解到你目前积极向上的状态，逐渐提升对你的信任。

你的解忧老师

青春期行动指南

怎么样才能让父母不翻我东西，偷看我隐私啊？

1 尽量收藏好自己的隐私物品。

如果父母是控制型的，我估计沟通是很困难的。作为未成年的子女，如果你无法反抗，那也只能是“上有政策，下有对策”了。尽可能把自己认为隐私的东西放在隐蔽的地方，避免再次陷入这种情况，让自己的情绪受到影响。

2 化悲愤为动力，好好学习。

好好学习，让父母看到你积极向上的状态，并不断地进步与成长，让父母更加信任你的能力和决策。这样，父母就不会因为放心不下你而偷看你的隐私了！

3 为独立做好准备。

父母操控未走上社会的未成年子女，经常是将金钱作为武器，让子女不得不依附自己。好消息是，你总有一天要自己工作赚钱的。当然，不要操之过急，不是要你现在就去打工挣一点微薄的零花钱，而是要在高中、大学时期好好打基础，时刻不忘自己的奋斗目标，在未来实现经济独立。

父母离婚了，我觉得都是我造成的

青春期女孩的来信

张昕老师、白鹿老师：

你们好！

我叫心蕊，刚上高一。最近发生了一件让我极为伤心和自责的事，那就是我父母决定离婚了。

从小到大，爸爸妈妈就一直在争吵，尤其在今年，吵得越来越频繁，越来越激烈了。他们会因为我的教育问题和生活上的一些小事吵得天翻地覆。然而就在前几天，他们突然宣布决定离婚，说本来想为了我凑合在一起，等我考上大学之后再说，但现在他们一天也忍不了了，思考再三还是决定现在就离婚。我当时震惊极了，人都呆住了，泪水忍不住地流。

我真的很自责，我觉得父母离婚的根本原因在于我，他们总说“你看都是因为你，我们才吵这个架”。确实，他们吵架的话题经常是我，为了赶回来给我做饭，为了提高我的学习成绩。我想如果我成绩好一点，或者我压根没出生的话，他们是不是就不会吵得不可开交了。

这种自责的想法严重折磨着我，我觉得我的出生就是个错误，这种自我嫌弃的感觉让我常常难以入睡，老师。你说我该怎么办？

伤心欲绝的心蕊

解忧信箱

心蕊：

你好！

收到来信，我想首先明确地告诉你：不是这样的。你父母离婚，不是因为你。他们结婚、生孩子、离婚，都是他们自己的选择，和你没有关系。

但你会这样认为，也是很正常的。因为在儿童的心理发展过程中，会经历一段很长的“自我中心”阶段，而青少年的心理发展过程，又会经历一个“个人神话”的阶段，这两个阶段有一个典型的共同表现：容易把一切问题的原因都归咎于自己——我们会高估自己对事件的影响，会认为这个世界上万事万物的种种因果，都是因为自己引起的。

而且，我们往往倾向于把别人不好的行为和不好的结果归咎于自己，这不仅是一种与事实不符的错误认知，也是很多人痛苦的根源。比如现在的你，觉得爸爸妈妈吵架、离婚以及所有的不幸都是因为生了你。

如果父母在孩子的成长过程中总是喜欢对孩子说“要不是因为你……”，孩子就会形成一种根深蒂固的错误认知，把自己视为父母糟糕生活的罪魁祸首，开启错误的自责自罪之路。

这样的父母是很不负责任的，他们选择逃避自己的无能，转而将孩子拽进自己与另一半的厮杀中来当“替罪羊”。

这种影响很深远，甚至会影响到一个人成年之后的人际关系、伴侣关系和亲子关系。有些人的恐育恐孩心理就是这么来的，他们会认为孩子是一切祸水的根源，认为自己不该存在于世界上，将来也不会把另一个生命带到这个世界。

而且，你可能在生活的其他方面也会受到这种“替罪羊”思维方式的影响：你平时是不是处事悲观、做决定畏首畏尾？是不是总将团队的失败都揽到个人的过失上来？遇事是不是总往坏的方面想，不相信好运会降临在自己头上？……

现在，老师就明确地告诉你，请立刻停止这种不合理的自我归罪。父母决定离婚，只是因为他们发现彼此不适合生活在一起，并不是你的错，也不代表他们不再爱你了，他们依旧是你的父母。换个角度来看待这个问题，父母分开，也许对他们各自都好，你从此不必生活在一个充满“硝烟”的氛围之中，这并不是一件坏事。你说呢？

你的解忧老师

青春期行动指南

父母离婚了，是我的错吗？

1 放弃做父母的“救世主”。

父母是成年人，他们有自己的人生功课。你还是个孩子，不要做父母的“救世主”，那不是你的人生重担。

2 停止错误的自责。

你的父母现在出现了无法调解的矛盾。就算没有你，他们也会因为别的事情吵架。人不该为了自己无法选择、无法改变的事情而负责，所以不要把父母离婚的责任揽到自己头上，更不要因此而自我归罪，甚至是在自责的情绪里反复内耗。

3 学会自我同情。

不是所有的父母都知道如何爱护孩子。所以，放弃寻找理想父母，学会自我爱护和自我同情，也就是对自己更温柔，更宽容，不随意指责自己。研究发现，自我同情能够有效缓解焦虑和抑郁的情绪，对心理健康有很大的益处。

爸妈从来都不懂我，好想离家出走

青春期女孩的来信

张昕老师、白鹿老师：

你们好！

我叫桢怡，今年上初三了。我现在很苦恼，因为我觉得我的爸爸妈妈从来都不懂我。

说他们不关心我吧，其实也不是。在学习上和生活上，他们对我管理得非常严格。他们非常关注我成绩的变化，每次考完都拿着我的试卷一通分析。他们还会干涉我交朋友，如果朋友的成绩不好，就不让我和她们玩。

可是，对于我的兴趣爱好，他们却一点都不在乎，也不支持。我很喜欢配音，和我的几个小伙伴有一个“声优小组”，我们配音的作品发到网上得到的点赞还不少呢！可我爸妈却说我是玩物丧志，不允许我再碰这些。我在学校里获得表演机会，回来非常兴奋地讲给他们听，原以为是一起分享喜悦，结果他们却一盆冷水泼下来：“你要是学习有这么积极就好了，这些影响功课的活动以后不许参加！”

我觉得他们好像永远只在乎我的学习成绩，根本不懂我的内心世界，我好想离家出走。

桢怡

解忧信箱

桢怡:

你好!

我非常理解你此刻的苦恼。如果兴趣爱好不被父母接纳,那孩子又怎么能体验和发展出完整的自我呢?爸爸妈妈关心你的学习成绩是出于好的动机,只是他们对“好”的理解太狭隘了。你和他们的矛盾,正是你的“自我概念多元化”和父母“评价体系单一化”的矛盾。

心理学家卡尔·罗杰斯提出过“多重自我”理论,他认为一个人的“自我”是可以多重的,是情感、智力、外貌、性格、行为等不同方面的组合。这些“自我”在不同情况下可以互相切换、互相影响或者共存。

例如,有的孩子在学习上可能没什么优势,可是他在人际交往方面却如鱼得水,很招人喜欢;有的孩子性格内向,不善交际和言辞,但他却在乐器方面很有天赋,不管学什么乐器,都是一点就通。

但有些家长会从功利主义的角度出发,认为孩子的学习才是第一位的,其他都不重要。就像你的爸妈,他们仅仅认可那个学习时的你,并不认可配音的你、交朋友的你、参加表演活动的你。这样的认知导致他们对你的评价太过单一和狭隘。

父母关心孩子的学习是没错的,毕竟初三很关键。但如果父母只关心孩子的学习,那就大错特错了。这会让孩子感受不到父母的关心，感到自己不是被父母无条件爱着的，如果这种负面情绪长期积累，可能会导致焦虑、抑郁、低自尊等心理问题。

再说，我们的人生是一场长跑。从整个人生跨度来看，学习书本知识，不是人生的全部。学习是终身的，不是只在某个考试前学，更不只是从书本上学。而且，除了学习能力，独立能力、自理能力、人际交往能力以外，还有其他各种才艺，没有哪一样是“没用”的，这些技能都会在我们以后的漫漫长路上帮到我们。

我建议你可以先尝试与父母沟通，让他们明白和相信配音、交友不会影响学习，你的将来也不只由学习成绩决定。如果父母很难沟通，那你可以做好情绪隔离，不要被他们狭隘的认知影响。

但无论如何，我希望你不要离家出走。一个未成年的女孩，没有钱，没有住处，没有交通工具，离家出走的难度和危险性，你可能一无所知。要记住，安全是第一位的。离开家这件事其实不用着急。现在好好学习，将来考到住宿制的全日制大学，自然就“离家”了，到那时候恐怕想家也不能说回去就回去呢。

你的解忧老师

青春期行动指南

爸妈不理解我，我该怎么办？

① 开诚布公地和父母沟通。

如果你的父母是可以沟通的，那么我建议你直接和他们倾诉："我觉得你们只关心我的学习，不在乎我的想法，这让我很伤心。"讲道理的父母是会懂得自我反思的。

② 建立父母对你的信心。

要让他们明白，首先，配音、交朋友、参加表演不会影响你的学习，你的将来也不只由学习成绩决定，而是在好身体、好人缘、好才艺、好机遇、好性格、好情绪、好的亲子关系等因素的共同影响下形成的。

③ 做好自己的事情，不要被父母影响。

如果父母是很难沟通的类型，那我们只能做好自己的事情，不要被他们狭隘的认知所影响，不要因此否定自己的兴趣爱好和交朋友的意义。等你长大了，这些事都会变成你人生中很重要的快乐源泉。

和爸爸独处总是很尴尬，该怎么办？

青春期女孩的来信

张昕老师、白鹿老师：

你们好！

我叫芮芮，今年上初二。不知怎么的，我现在和爸爸单独相处的时候，总是觉得很别扭，很尴尬。

我的爸爸是个公认的“女儿奴”，他从小到大都很爱我，从来不打我骂我，就算我犯错误了，也会耐心地给我讲道理。小时候生病了都是爸爸抱着我，哄我入睡，更小的时候爸爸也会给我洗澡、换衣服，这些点点滴滴，我经常听到父母提起。

但现在我长大了，却渐渐和爸爸疏远起来。坐地铁的时候人多，爸爸揽着肩膀护着我，我会嫌他靠我太近，觉得太别扭了；我的水杯被他拿去喝水，我也很嫌弃；洗衣服的时候我都要把爸爸的衣服拿出去，和我的衣服分开洗。家里只有我和他两个人的时候，我觉得很尴尬，他要进我的卧室时，我会觉得更尴尬。

我这么说老师您可不要误会，我发誓爸爸没有对我做过不好的举动，就是我自己心里觉得硌硬、尴尬。我好朋友说我不知好歹，她羡慕我还来不及呢。我也觉得自己有毛病，是不是我不爱爸爸？是不是我不孝？我该怎么办呀？

芮芮

解忧信箱

芮芮：

你好！

你的这种心态并不是不孝顺，也不是不爱爸爸，而是因为进入青春期，你的性别意识觉醒了。你已经知道了男女有别，而爸爸可能还没有及时跟上你的成长，内心还把你当成一个没有性别意识的小孩子，在举动上没有掌握好分寸，引起了你潜意识里的排斥。

这种排斥，是高等生物所具有的一种“反乱伦”直觉。这并不是说只有你的爸爸对你有过什么非分之举，你才会产生这种情绪，因为它不是意识层面上的，而是潜意识层面的本能。“反乱伦”直觉也并非人类社会独有的现象，其他灵长类动物也会有。

从进化心理学的角度来解释，经过数百万年的优胜劣汰，人类脑中有一种偏袒功能，能够本能地感应并且排斥那些不利于进化的行为，比如乱伦。个体需要避免与近亲结合才能繁衍健康的后代，降低遗传病、畸形、残疾、夭折的概率，减少对人类基因库的潜在冲击。

因此，当子女逐渐发育到性成熟的阶段时，他们的大脑就会对异性父母的亲密举动或在与其独处时拉响警报。在健康正常的家庭关系中，不仅是长大后的女儿可能会在与父亲独处时感到尴尬，儿子同样也会对母亲过分亲密的举动感到尴尬和越界。这正是所谓的“儿大避母，女大避父”，这不仅是人类文明社会所要求的道德规范，其实也是高等生物进化发展的心理本能。

这种排斥感什么时候会消失呢？大概要等到你父亲更老的时候，你也会像他照顾小时候的你一样，去照顾一个老到模糊了性别的他。

另外，在儿童成长早期，孩子会出现所谓的“恋母”“恋父”情结，但这并非伦理意义上的“恋”，只是幼儿对父母形成依恋，初步认识父母关系，形成自我意识和家庭地位意识的一种表现，这是正常的。但如果进入青春期后，孩子与异性父母之间产生两性意义上的依恋，则是一种畸形共生的家庭关系。

从你的描述来看，你的父亲应该是比较讲道理的，建议你可以和他好好沟通一下，告诉他你已经长大了，需要和爸爸建立距离感，相信他会理解你的。

你的解忧老师

青春期行动指南

我长大以后就不想和爸爸独处了，我该怎么办？

1 接纳自己的尴尬和排斥。

对爸爸产生这种尴尬、别扭的感觉是正常的，这是因为你已经长大了，懂得男女有别了，并不是你“不知好歹”“不孝顺”“不爱爸爸”，不要因此而过分苦恼甚至愧疚。

2 和爸爸好好沟通。

如果平时和爸爸沟通良好，那你可以直接和他沟通。如果你自己不好意思说，可以请妈妈帮你转达，告诉她你已经是大姑娘了，需要和异性保持距离，希望爸爸不要随意进你的卧室，不随便动你的衣物，不要用你的水杯，也不要有太亲密的肢体接触，等等。

3 如遇骚扰请立即求助。

虽然芮芮的爸爸没有非分之举，但也不排除有些爸爸是没有道德底线的。如果你感觉到爸爸对你的“好”实在反常，那么一定要提高警惕，平时睡觉、洗澡、换衣时锁好门，注意避免与爸爸独处，向妈妈、老师或者其他信得过的大人求助，必要时保留视频、录音等证据，并向当地居委会、妇联、公安机关等求助。

家人的爱，是你青春破浪
远航时永不熄灭的灯塔。

后记

穿越者可以改变历史吗?

在接到《对话青春期女孩》的编辑团队约稿之时，我非常惊叹于他们选题的灵敏度和精准度。我仔细地阅读了这些孩子们的困惑，在解答她们的困惑的同时，我仿佛将我的青春又重新经历了一遍。

这些来信中的烦恼，很多也是我在青春期的时候遇到过的：像是因为青春期发育产生的身体变化，比如唇边的“小胡子”、经期的坏心情、内裤上总会出现的分泌物；又或是总会莫名出现的低落感、孤独感，觉得世界喧嚣热闹，却都与我无关；还有对外貌、性格、学习产生的自卑心理，我总想要让同学们都喜欢我，可又觉得自己身无所长、无人关注；还有那些对异性的懵懵懂懂的好感、纷纷扰扰的朋友间的相处、剑拔弩张的亲子矛盾、压得人喘不过气的学业压力……因为太久不做孩子，有很多当时的困惑都已经被我自己埋藏进了记忆深处。

直到看到来信中那些和我一模一样的烦恼经历和心路历程，我的回忆才被倏忽打开。我在一边写的时候，一边泪流满面，因为我好像看到了二十年前的自己，怀抱着满心的疑问却找不到答案。我告诉编辑说：“我现在才意识到，原来我当年经历的‘嗓子坏了’，是女孩的变声期。”虽然我后来也学习到了女性变声期的知识，可我一点都没有将它和我曾经的经历关联起来。直到我学习了发展心理学之后，才知道所有的疑问都是有答案的，但在当时却不然。

那些在年少时看起来天大的烦恼、很严重的麻烦事，放到现在来看，也许都没什么大不了的，不论是从生理发展还是心理成长上来看，都是大部分人在青春期必经的一个正常历程。可在当时并没有人来告诉我、开解我，这些在成年人看来也许“不算个事”的事，都曾经让我彻夜难眠、辗转反侧，甚至让我怀疑自己，痛苦流泪。

我多希望能穿越回去，告诉当时那个在夜晚纠结、害怕、失眠、彷徨的我：“别担心，你现在看作如天塌下来的大事，以后都会被你当成笑话讲给别人听。”

她们，就是曾经迷茫的我。而我，是长大后懂得了答案的她们。所以现在，我愿意当那个穿越者，带着答案去找到那个提问的女孩。这是我和二十年前的我的对话，解答她们，也是在治愈自己。

穿越者能改变历史吗？我不知道。但我知道处于迷茫困惑中的女孩，一定希望有这样一位穿越者存在。

白鹿

对话现在的自己

亲爱的　　　　　　:

对话未来的自己

亲爱的　　　　　　　　：